无障碍名著大阅读系列

热爱阅读　亲近经典

雷锋故事

★★★★★

高　芸／主著

黑龙江美术出版社

图书在版编目（CIP）数据

雷锋故事 / 高芸主编 . -- 哈尔滨：黑龙江美术出版社，2019.1

（无障碍名著大阅读系列）

ISBN 978-7-5593-3229-5

Ⅰ．①雷… Ⅱ．①高… Ⅲ．①学习雷锋—通俗读物②雷锋（1940-1962）—生平事迹—通俗读物 Ⅳ．① D648-49

中国版本图书馆 CIP 数据核字 (2018) 第 109841 号

书　　名 / 无障碍名著大阅读系列　雷锋故事
主　　编 / 高　芸
责任编辑 / 滕文静
排版制作 / 文贤阁
出版发行 / 黑龙江美术出版社
地　　址 / 哈尔滨市道里区安定街 225 号
邮政编码 / 150016
发行电话 /（0451）84270522
网　　址 / www.hljmscbs.com
经　　销 / 全国新华书店
印　　刷 / 北京飞达印刷有限责任公司
开　　本 / 710mm×1000mm　1/16
印　　张 / 14
版　　次 / 2019 年 1 月第 1 版
印　　次 / 2019 年 1 月第 1 次印刷
书　　号 / ISBN 978-7-5593-3229-5
定　　价 / 29.80 元

本书如发现印装质量问题，请直接与印刷厂联系调换。

序 言
XU YAN

　　文学名著是人类智慧的结晶，它经受了时间的考验，也得到了全世界读者的认可，它的影响力是无可估量的。一本书能够让一个人受益终身，甚至能激励一代人的成长，是尤其值得同学们继承和发扬的精神财富。

　　同学们，你们正处于一个从小学到中学、心智由懵懂开始走向成熟的阶段。经典文学名著就像一盏盏照亮心灵的明灯，既能给你们带来光明和希望，也能给你们的精神世界注入源源不断的爱和力量。

　　可是，世界文学名著卷帙浩繁，如果一本本细读、精读，并非易事，特别是在数字化的高科技、新经济使人目不暇接的今天，纸质的文学名著阅读更不是一件易事，时常听家长说起孩子不愿意读名著，如何让孩子喜欢读，给孩子选有益的书去读，对家长来说，更是一件难事。

　　为此，我们去各大学校、书店调研，认为：一是没有选到适合孩子读的好书，翻译、编译差，错字多，文字繁多，枯燥乏味；二是孩子读不懂，没有人帮他们扫除阅读上的字词障碍、理解障碍，并和孩子互动讨论，帮孩子解答疑难。

　　总结之后，我们根据中小学生的认知水平和阅读习惯，精选并审定了适合同学们阅读的篇目，在尊重原著的基础上，进行了精心的浓缩和改写，保留了原著的精华，且语言更加晓畅直白，情节更加紧凑精彩，并设置了名师导读、名师点睛、名师释疑、阅读赏析、写作借鉴、拓展链接等多个小栏目，以求扫除阅读障碍，让同学们有兴趣读、容易读；帮助同学们轻松汲取名著精华，领略经典文学名著的永恒魅力。

无障碍名著大阅读系列

名师导读

　　帮助同学们了解作品内容，根据作品内容提出问题，让同学们带着问题阅读，激发同学们的阅读兴趣。

● **名师点睛**

　　点评重要语句，品味精彩内容，剖析写作手法，感受人物形象，全面提升同学们的理解能力。

阅读·赏析

　　浓缩作品主旨，提炼作品精华要点，帮助同学们全面掌握作品内容，提升同学们的阅读能力。

● **写作·借鉴**

　　对作品中的修辞手法的应用进行具体分析，让同学们真正掌握写作方法，提高同学们的写作能力。

名师释疑

　　将作品中的难认字词结合《现代汉语词典》进行释疑，减轻同学们屡翻字典的烦恼，潜移默化地积累同学们的词汇量。

拓展·链接： 链接作品相关文化常识，帮助同学们开阔视野，丰富课外知识。

阅读·思考： 根据作品内容提出针对性的问题，强化同学们对作品内容的理解，充分调动同学们的思维积极性，培养爱思考的好习惯。

阅读体验——感悟作品： 领悟作品内涵，结合生活体验，感知形象，培养独到的认知能力，提升同学们的鉴赏品评能力。

好词·好句

链接文中好词好句，帮助同学们积累写作素材。

知识点自测

根据作品的内容，精选文中知识点，强化同学们对作品内容的理解，帮助同学们复习备考。

畅读经典文学名著 轻松提升语文水平

知识链接

作品速览

本书为我们讲述了雷锋身上发生的点滴小事。

雷锋出生在旧社会一个穷困的农民家庭，他自幼失去了父母，只能寄人篱下。在万恶的旧社会，他遇到了许多常人难以想象的苦难，但他总是以乐观、积极的心态去面对，从不悲观失望。在新社会到来之时，他将自己满腔的热情投入到了为人民服务当中。

雷锋吃苦耐劳，从来不抱怨，能在极端恶劣的条件下治理洪水；他勤劳肯干，为了建设祖国，坚持来到条件艰苦的鞍山钢铁厂；他积极进取，总是利用闲暇时间来充实自己；他知恩图报，始终将党和人民对他的恩情牢记在心中。

为了国家发展和人民幸福，雷锋甘愿成为一颗小小的螺丝钉，把建设祖国和为人民服务当成了自己毕生的追求。他曾在日记中这样写道："人的生命是有限的，可是，为人民服务是无限的，我要把有限的生命投入到无限的为人民服务之中去。"他是这样写的，也真的这样践行了。

本书共选录了22篇关于雷锋的故事，文章生动形象，真实感人。每篇故事都阐明了雷锋精神的实质与时代价值，拉近了历史与现实的距离。

书中将雷锋的部分日记与相关的故事进行了整合，使事件更加丰满,读者更容易理解。全书比较客观地呈现了雷锋的光辉形象,语言庄重质朴,对读者客观、真实地了解雷锋有很大帮助。

时代背景

雷锋生在旧社会,长在新中国。

雷锋从小就受到了日本侵略者与地主的欺凌与压迫,因此对这些人产生了深深的憎恶感。当雷锋成长为一个小少年时,解放军以迅雷不及掩耳之势解放了雷锋所在的长沙,帮他搬开了压迫他的大山,这使他对中国共产党产生了天然的好感与向往。不久后,新中国成立的消息传遍了神州大地,全国大部分地区都得到了解放。当时国家刚刚经历战争的残害,战火还没有完全平息,整个社会百废待兴,各行各业都需要进行调整,国家发展的各方面需求都十分迫切。雷锋做过多种不同的职业,他曾当过通信员,做过工人,最后成了一名优秀的军人,而这都是希望能为国家与中国共产党的发展献出他自己的一份力量。

在当时的时代背景下,雷锋身上所具备的精神正是国家非常需要的,如今,雷锋精神依旧是值得我们传承下去的思想。

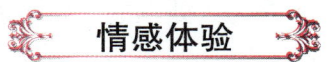

情感体验

雷锋像一颗水滴那样普通、平凡,但他却折射出了太阳的光芒与温暖。全国上下几乎没有人不知道他的名字,他永远是人们心中不会褪色的偶像。随着时代的发展和社会的进步,"雷锋精神"早

知识链接

已成为一种文化积淀。距离雷锋离开我们已经过了几十年,但他的光辉形象和感人事迹却没有淡出我们的视线。

本书为读者展现了一个真实、灵动的雷锋,让读者对雷锋不再只有扁平的印象,而是真正为雷锋的品格、精神所感动。如在《闪光的青春》这一章,鞍山钢铁公司在偏远的弓长岭矿山建了一座焦化厂,要调遣年轻的工人到那里去。由于那里的生活条件非常恶劣,许多年轻人都不愿意去,但雷锋却决定前去。就因为雷锋的这个举动,有人说他傻,雷锋听到之后也没有生气,他觉得只要是为了国家的发展,被人说也无所谓。到了新的工作地点之后,生活条件果然非常恶劣,但是在同志们的帮助下,雷锋的心中充满了温暖,很快就适应了当地的生活。在为数不多的空闲时间里,很多年轻人都在嬉戏打闹,但雷锋永远都在埋头苦干,他在自己的日记中写下了这样的话:"青春啊!永远是美好的,可是真正的青春,只属于那些永远力争上游的人,永远忘我劳动的人,永远谦虚的人。"

艺术特色

明白如话的语言以及朴实无华的写作风格是本书的特色之一。雷锋生活在物质资源不丰富的时期,他本人正是秉持着艰苦朴素、勤俭节约的精神来为人处世的。如果讲述雷锋故事的作品充满了华丽的辞藻与抑扬顿挫的诗句,那么文中的描写也许会变得更加优美,但这与雷锋勤俭、朴实的形象并不匹配,而这样朴素的语言特色与娓娓道来的写作风格正是最适合讲述雷锋故事的。

知识链接

典型人物

雷 锋

本书的主人公。他出生在黑暗的旧社会，幼年时便失去了双亲，只能寄人篱下，还受到地主婆的欺压。进入新社会之后，他刻苦学习，积极劳动，做了许多好事。他克己奉公、乐于助人，始终以为人民服务作为自己行事的准则。他的英雄事迹被广泛传诵。

雷明亮

雷锋的父亲，一位地地道道的农民。为了养家糊口，他来到长沙打工，希望能以此改善生活，没想到长沙遭到了日军的侵占。后来，为躲避日本侵略者他带着家人藏进了深山中。在独自回村取粮食的途中，雷明亮被日本兵发现，而后身受重伤，不久后便去世了。

人物影响

1963年3月5日，毛泽东为雷锋题词并号召全国人民学习雷锋的共产主义精神品质，自此之后，每年的3月5日就成了"学雷锋日"，雷锋的名字响遍全国，全国掀起了学雷锋的热潮。

2009年9月10日，在中央宣传部、中央组织部、中央统战部、中央文献研究室、中央党史研究室、民政部、全国总工会、共青团中央、全国妇联、解放军总政治部等部门联合组织的"100位为新中国成立做出突出贡献的英雄模范人物和100位新中国成立以来感动中国人物"的评选活动中，雷锋入选"100位新中国成立以来感动中国人物"之一。

目 录
Contents

苦涩的童年时光 / 1
翻身做主人 / 12
初学知识助成长 / 18
党的关怀教育 / 28
情系河湖 / 35
朋友以诚相待 / 44
一路向北奔鞍钢 / 51
闪光的青春 / 60
当兵的心愿 / 68
苦练本领当好兵 / 79
"钉子"精神 / 88
为社会主义"添砖加瓦" / 100

抗洪抢险不畏惧 / 108
可敬的"傻子" / 117
红心向党 / 128
戴红领巾的辅导员 / 137
好事做了一火车 / 151
名副其实的人民代表 / 159
战士们心中的好班长 / 166
军民一家亲 / 177
前方和后方 / 194
永生的革命战士 / 202
阅读体验——感悟作品 / 209
阅读达标测试——知识点自测 / 211

苦涩的童年时光

  1940年12月18日,在湖南省望城县安庆乡简家塘村一个破旧的房屋里,雷锋伴随着凛冽的寒风出生了。面对着这个小生命,母亲没有露出迎接新生命的喜悦,而是满脸泪花,这是为什么呢?雷锋能平安长大吗?阅读下面的故事,你就会找到答案。

  1940年12月18日,一个新的生命在湖南省望城县安庆乡简家塘村诞生,嘹亮的哭声透过残破阴暗的房屋,久久地在宁静偏远的小山村里回荡着。

  此时,天空乌云密布,凛冽的寒风裹挟着大片雪花疾驰而过,吹打着万物。光秃秃的枝丫上仅剩的几片枯叶脱离了树枝,飘落在树根旁边。小草横七竖八地摇晃着,哆哆嗦嗦地挺直了身子,又徒劳地倒下了。这个小村庄似乎也在颤抖着,仿佛下一秒就会坍塌。

这是一段环境描写,渲染了凄凉的气氛。

  在这样恶劣的环境下,这个可怜的孩子降临了。他的周围没有家人对新生命的期盼和欢呼，也没有温暖的被窝和和煦的阳光，只是被无边的寒冷和饥饿围绕着。凛冽的寒风肆无忌惮地闯进他家的大门，可怜的妈妈怕冻着孩子，立刻缩紧了身子，将孩子裹在自己怀里。她的脸上满是泪水，她不知道这个孩子在这样的环境里能不能顺利长大。

这个在寒风中出生的孩子就是雷锋，按照当地的风俗习惯，家里人给他取了小名，叫"庚伢子"。

此时的中国正处于水深火热之中，在国民党"消极抗日，积极反共"的政策下，日本侵略者肆无忌惮，已侵占了我国的大片土地。百姓们朝不保夕，生活困苦，步履维艰。他们生活在社会的最底层，不仅深受日本帝国主义的摧残、掠夺和杀害，还要遭受地主恶霸的残酷剥削和压榨欺凌，受尽磨难，在生死边缘苟延残喘地寻找栖身之地。

雷锋家没出过什么大人物，世世代代都以种田为生。数年来，他们佃种地主唐四碌子家的两担田（约合十亩），日子过得极为清贫，连肚子都填不饱。雷锋的爷爷长年累月地在土地上劳作，但等到粮食丰收以后，大部分都给地主交了租子，自己能剩下的寥寥无几，完全不够全家人糊口。雷锋的爸爸叫雷明亮，他见一家人的生活难以为继，决定去长沙打工。谁也不曾想到的是，灾难就这样降临到了他们的头上。

水深火热：形容人民生活处境异常艰难痛苦。

这里简单介绍了雷锋的家庭情况，这也是雷锋勤俭朴素性格养成的原因之一。

雷锋故事

1938年，洞庭湖地区遭到了日本军队的疯狂进攻，长沙城成了一片火海。不断蔓延的大火烧了几个日夜，所有的建筑、工厂都难以幸免，被烧得面目全非。往昔繁华的长沙城，被不断弥漫的烟雾笼罩着，早已破败不堪，宛若人间炼狱。雷明亮历经千辛万苦，终于从这片炼狱中逃了出去，但迎接他的并不是劫后余生的欣喜，而是突如其来的灾祸。他遭到了国民党士兵的侮辱和毒打，最终忧愤成疾。

回到家乡后，雷明亮由于身体受损，只能打些零工维持家用，雷锋一家人的生活情况非但没有丝毫改善，甚至比以前更加贫困。雪上加霜的是，爷爷因为常年劳作终于支撑不住，病倒在了床上。

转眼已是新年，家家户户都沉浸在节日的喜庆中，有些余钱的人家早已挂上了大红灯笼，备好了美味佳肴，张灯结彩地迎接新的一年。但这样欢喜的日子是不属于穷人的，对于吃了上顿没下顿的雷锋家来说，别人的欢乐更映衬了自己的凄凉。阴暗冷清的屋子里，除了病床上爷爷的呻吟，就只剩下妈妈无奈的叹息。

作者在这里运用了对比的写作手法，通过对比，更加突出了雷锋童年生活的艰辛，同时也为故事的发展奠定了基础。

春节还没有过完，当有钱人家还沉浸在欢乐中的时候，爷爷走到了生命的尽头，在病床上含着辛酸的泪水离开了人世。

全家的重担瞬间压到了身体不好的雷明亮身上。他拖着病躯四处奔波，不得不承担起田间的繁重劳动，岁月的刻刀

· 3 ·

很快便在他的额头上刻下了一道又一道深深的皱纹。就这样马不停蹄地奋斗一年,所得依旧寥寥无几,全家人依旧活在吃不饱饭的窘迫中。

1944年6月,长沙沦陷。日本侵略者烧杀抢掠,无恶不作。为了躲避灾难,雷锋跟家人一起躲进了深山中。躲了一段时间之后,他们带的粮食吃完了。为了自己的孩子,雷明亮决定回村里拿粮食。没想到在路上遇到了日本兵,不但粮食被抢了,雷明亮也身受重伤,不幸于1945年的秋天离开了人世。

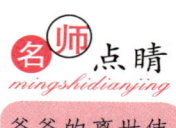

爸爸的离世使这个本就生活艰难的家庭更加穷困潦倒,日子难以为继。

由于爸爸的离世,雷峰一家只剩下孤儿寡母,没有了任何依靠。雷锋的妈妈经受不住这样的打击,每日以泪洗面,失神地坐在屋子里,一坐就是好几个小时。

雷锋伸手拉了拉妈妈的衣角。失神的妈妈清醒过来,她紧紧地抱住眼前因为长期营养不良而瘦小孱弱的孩子,情不自禁地掉下了眼泪。家里的顶梁柱塌了,只剩下她一个女人和三个孩子,这以后可怎么生活?妈妈心如刀割,对毫无希望的未来忧心忡忡。

1945年,雷锋年仅十二岁的哥哥被送到津市的一家机械厂当童工,利益至上的资本家们尽一切可能压榨劳动者身上的剩余价值,就算是童工也不例外。哥哥每天被迫干大人干的重活儿,还填不饱肚子,本就瘦弱的身体变得更加虚弱,不久之后就得了肺结核,晕倒在了机械旁边,手指被轧断。残酷的资本家见他没有可利用的价值了，就将他赶出了工厂。可怜的哥哥回到家的时候，已经瘦得不成人形，妈妈差点儿没有认出他来。哥哥的病情越来越重，本就贫困的家庭哪里有钱给哥哥治病，因此只能眼睁睁地看着他离开人世。

资本家残酷地压榨了哥哥身上所有的劳动价值，也将哥哥逼上了绝路。

哥哥去世的那一年，雷锋六岁。已经懂事的雷锋站在哥哥的病床边上，不停地哭着、闹着，但哥哥一直没有睁开眼睛，始终一动不动地躺在那里。伤心的妈妈站在一边不停地抹眼泪，这样无奈凄凉的情景深深地印刻在了雷锋的脑海中。

哥哥去世不久，厄运又降临到了这个家庭，雷锋家里没有了生活的来源，妈妈只能带着雷锋和他的弟弟靠乞讨度日。雷锋的弟弟毕竟只有两岁，他终究没能承受这种生活的折磨，最终活活饿死在妈妈的怀里。

雷锋的母亲原本姓张，艰苦的生活环境造就了她坚强的性格，为了生活，她曾经在资本家的工厂中做过工，给人做过湘绣，打过草鞋。眼看着生活将人逼上了绝路，她不得不扛起生活的重担，带着孩子活下去。

母亲是世界上最伟大的人，雷锋的母亲为了让雷锋过上正常的生活而挑起了生活的重担。

但是，靠乞讨为生的日子仍然难以为继。经过激烈的思想斗争之后，她终于狠下心，决定到地主家当用人。

在地主家的日子非常辛苦，总有干不完的活儿，洗衣服、做饭、看小孩、打扫卫生，所有的一切妈妈都得做，而且没有任何休息的时间,经常累得气喘吁吁,上气不接下气。有时候地主心情不好,还会把气撒在妈妈身上,无缘无故地打骂妈妈。最让人心惊胆战的是,地主阴险狡诈、不怀好意的目光总在妈妈身上四处打量。妈妈每天提心吊胆、谨小慎微地行事,就怕招来什么祸端。未来的日子充满了不确定性,她不知道有什么噩耗在等着她。

中秋临近的时候,地主家的活儿变得更多,妈妈每天晚上都忙到很晚才能回家。但这一天是个例外,还没到回家的时间,妈妈就<u>失魂落魄</u>地出现在了家门口,她头发凌乱、眼神呆滞地坐在凳子上,脸上有泪水滑过的痕迹。

雷锋看见妈妈这副模样,体贴地走到妈妈身边,安慰道:"妈妈,您是不是想爸爸和哥哥他们了?"

妈妈两眼通红,她回头看了看懂事的孩子,再也抑制不住内心的悲苦,抱住雷锋失声痛哭起来。

"可怜的孩子啊,要是没有了妈妈,你可怎么活啊!"妈妈悲痛地说道。

"妈妈,别哭了,我会好好听你的话的。"雷锋紧紧抓住妈妈的手喊道。

妈妈听到孩子懂事的话语,紧紧地将孩子搂在自己怀里,喉咙就像被什么东西堵住了一样,只是不停地哽咽着。之后,妈妈让雷锋站好,随后认真地整理着他那破旧不堪、满是补丁的衣服,并仔细凝视着孩子瘦削的小脸。她

失魂落魄:形容心神不定非常惊慌的样子。

妈妈提前回到了家中,抱着雷锋失声痛哭、特意认真整理了雷锋的衣服并仔细端详着雷锋,这些行为让人感到深深的不安,似乎有什么不好的事情就要发生。

张了张嘴,想要说什么,但最后又咽了下去,只是悲伤地看着他。

雷锋虽然不知道妈妈想要对他说什么,但他能感受到妈妈内心的悲伤,看着妈妈脸上不停流淌的泪水,他小小的心灵止不住的疼。

母子两人互相凝望着,像生离死别一样。一会儿过后,妈妈站起来,擦干脸上的泪水,领着雷锋出了家门。这是要去哪里呢?雷锋完全不知道,他疑惑地看着妈妈。

不久之后,雷锋被带到了六叔奶奶家里,妈妈什么话都没有说,就起身离开了。雷锋站在门口,看着妈妈的身影被黑夜吞噬,内心一片慌乱,他不知道迎接他的会是怎样的一番情景。

整整一个晚上,雷锋辗转难眠。第二天天刚亮,他就匆匆忙忙地朝家里赶去,但等待他的,是妈妈吊在房梁上早已冷却的尸体。他抱住妈妈的腿哭得昏天黑地,但妈妈再也不会醒过来安慰他了。

不满七岁的雷锋失去了唯一的家人,他成了孤儿。万幸的是,六叔奶奶收养了他,并且像对待自己的家人一样照顾他,给了他家的温暖。雷锋很懂事,也很勤快,他尽自己最大的努力帮六叔奶奶做事,去山里挖野菜、砍柴。

雷锋砍柴的地方离家非常远,要走几十里山路才能到达,砍完柴后,他再背着一大捆柴回到家里。虽然路途艰辛,但

名师点睛

雷锋在世上唯一的亲人因为无法承受压迫而自尽,年纪还小的雷锋怎能不伤心欲绝?这为故事的发展奠定了基础。

无障碍名著大阅读系列

失去所有的亲人后，照顾自己的六叔奶奶就成了雷锋最亲近的人。

每次到家的时候，看见六叔奶奶迎接他的身影，他都会感到非常温暖。

有一次，雷锋又上山去砍柴了。在路上，他遇到了徐家地主婆。这个恶毒的女人一下子拉住了雷锋，对着他破口大骂，还把他的柴刀抢走了。

雷锋从来没有见过这样的场面，当时，他的脑海中一片空白，只记得自己的柴刀一定不能被抢走。于是他冲上去和地主婆争抢，情急之下竟直接抓到了刀刃上。疼痛感令雷锋松开了手，地主婆因此仰天摔了一跤。地主婆的头正好撞上了山石，额头被磕出了血。恼羞成怒的地主婆拿起柴刀连砍了雷锋三刀，雷锋的手背上瞬间就出现了三道伤口，鲜血不停地从雷锋手上滴落下来。

地主婆对此视若无睹，还叫嚣道："小兔崽子，如果以后再让我看见你到这儿砍柴，我一定把你的手剁下来。"然后就离开了。

雷锋忍受着剧烈的疼痛，捂着手背上的伤口，充满仇恨地看着地主婆的背影。

阅读赏析

雷锋出生的时代、家庭注定了他必然会遭受苦难。在黑暗的社会中，日本侵略者的侵犯与地主阶级的残酷剥削使雷锋家破人亡，他从小尝尽了人间酸甜苦辣，吃足了苦头。但也正是因为小时候的苦难生活，才塑造出雷锋身上的这种不畏挑战、坚韧不屈的品格。

写作·借鉴

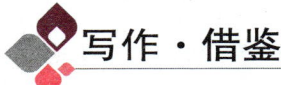

对比是将具有明显差异、矛盾和对立的双方安排在一起，进行对照比较的表现手法。本章中"转眼已是新年，家家户户都沉浸在节日的喜庆中，有些余钱的人家早已挂上了大红灯笼，备好了美味佳肴，张灯结彩地迎接新的一年。但这样欢喜的日子是不属于穷人的，对于吃了上顿没下顿的雷锋家来说，别人的欢乐更映衬了自己的凄凉"就是一种对比的写法，使雷锋家的贫困、凄凉更加鲜明地展现出来。

好词·好句

裹挟　寥寥无几　以泪洗面　哽咽　生离死别

★小草横七竖八地摇晃着，哆哆嗦嗦地挺直了身子，又徒劳地倒下了。

★不断蔓延的大火烧了几个日夜，所有的建筑、工厂都难以幸免，被烧得面目全非。

★他拖着病躯四处奔波，不得不承担起田间的繁重劳动，岁月的刻刀很快便在他的额头上刻下了一道又一道深深的皱纹。

★妈妈听到孩子懂事的话语，紧紧地将孩子搂在自己怀里，喉咙就像被什么东西堵住了一样，只是不停地哽咽着。

阅读·思考

1. 雷锋出生的时候周围环境是怎样的？
2. 雷锋的父亲是因何去世的？
3. 雷锋被谁收养了？

拓展链接

地　主

地主是地主制经济下主要的剥削阶级，也是封建社会主要的统治阶级。在中国，地主主要可以分为以下几种：

1. 社会地位较高、在政治上享有特权的世族地主、缙绅地主。包括各级官吏、国子监和府州县学的生员等。

2. 社会地位较低、不具备政治特权的庶民地主。这些人主要是中小地主。他们既会受到豪强地主的欺凌，自己又必须进行劳作，忙时也要雇佣帮手。由于土地可以转让，地主阶级的成分常会发生变动。在商品经济取得较大发展之后，工商业者购买土地，于是产生了工商业地主。

3. 封建社会中，掌握着大量财富的粮商、盐商、丝绸商、黑帮帮主等也是大地主，而且数量不少。

翻身做主人

1949年8月，中国人民解放军解放了长沙，长期以来深受压迫的下层苦难人民终于迎来了翻身的一天。解放了的穷苦百姓是怎么样庆祝的呢？那些地主恶霸又会有怎样的下场呢？我们一起来看看吧。

1949年8月，长沙终于打破了黑暗，迎来了曙光。中国人民解放军以出人意料的速度冲进了长沙，解放了这片饱经沧桑的土地。

大人们欢天喜地地组建农会，孩子们则神采飞扬地组建了儿童团。雷锋特别高兴，他跟其他小朋友一样，也参加了儿童团，每天欢欢喜喜地哼着小曲，跟团里的小伙伴们一起站岗放哨，监视那些曾经趾高气扬的地主们。雷锋的脸上每时每刻都洋溢着幸福的笑容，他对未来的生活充满了期望。

农会主席彭大叔对雷锋说："如今，农民翻身做了主人，

趾高气扬：高高举步，神气十足，形容骄傲自满，得意忘形。

从现在开始，咱们就再也不用怕被那些地主恶霸们欺负了。"

雷锋将眼睛睁得大大的，高兴得笑了出来。

彭大叔还告诉他说："孩子，你可一定要记住啊，共产党是咱们所有人的救命恩人！"

从那以后，共产党的救命之恩，就像温暖的阳光一样照在了雷锋的心上，他在阳光的照耀下，如一棵小树苗一样，茁壮健康地成长着。

正是因为共产党将雷锋从水深火热中解救出来，所以雷锋对共产党有一种天然的好感与向往。

有一天，雷锋站在村头放哨，看见从远处走来了一支队伍，战士们抬头挺胸、气宇轩昂，穿着整齐的军装，迈着整齐的步伐向村子走过来，鲜艳的红旗迎风飘扬。

为了迎接即将到来的"亲人"们，乡亲们在村里的大马路上扎起了花团锦簇的彩门，"中国共产党万岁！""人民解放军万岁！"的口号声此起彼伏。

人们的脸上交织着欢笑和泪水，似乎在诉说着他们内心的喜悦和难以言表的感激。雷锋挤在热闹的人群中，一会儿钻到这边，一会儿又钻到那边。他的目光一直停留在解放军叔叔的身上，看着他们笔挺的军装、威武的长枪，他充满了向往，心中赞叹道：真是太威武了！

"笔挺的军装、威武的长枪"都令雷锋充满了向往，这种向往，是雷锋自己的追求。

"你是怎么当上兵的？"雷锋凑到一个连部通信员的身前，悄悄地问道。

"志愿的。"

"我也志愿，你看行不行？"

无障碍名著大阅读系列

通信员上下打量了他一番，笑着说："就你这个头，还没有枪高呢！就想当兵？"

"怎么没有枪高？"雷锋反驳道，"不信咱们比比看。你别看我个头小，我胆儿大着呢。你去跟连长说一说，带上我吧！"

"想说你自己去，我可不想去碰钉子。"通信员说。

第二天，解放军队伍就要离开了，雷锋有些不甘心，又来到连部寻找机会，正好彭大叔和乡亲们也都来给战士们送行。雷锋大胆地走到连长跟前，拉着他的手恳求说："连长叔叔，我也想当兵，你带上我吧！"

欣慰：喜欢而心安。

连长**欣慰**地笑了笑，问他："你为什么想当兵啊？"

雷锋想起家人的遭遇，眼睛里充满了泪水，坚定地说："我想和你们一起打敌人，为我的家人报仇！"

彭大叔上前帮雷锋擦去脸上的泪水，将雷锋的遭遇讲给了连长听。

对于连长自己来说，这支钢笔也许只是一支普通的笔，鼓励雷锋只是一件小事；但对雷锋而言，这支钢笔帮他树立了信念与目标，连长的做法让他对共产党有了更加清晰的认识。

连长听完彭大叔的讲述，对雷锋充满了同情，他语重心长地说道："大家都是穷人家的孩子，放心吧，你的仇人也是我们的仇人，我们一定会帮你报仇的。"然后，他拿出一支钢笔放在小雷锋的手中，说："这支钢笔我就送给你了，希望你能好好学习，等学好文化知识再去参军。"

解放军的部队出发了，全村的乡亲们站在村口目送着他们远去，充满了不舍。雷锋站在送行的队伍中，手中紧紧地

 雷锋故事

抓着连长送给他的钢笔，下定了决心要好好学习。

没过多久，在人民不断高涨的热情中，土改斗争如火如荼地展开了，雷锋和村里的乡亲们高声呼喊"打倒恶霸地主！讨还血债！"的口号，积极投入了这场轰轰烈烈的斗争。

在斗争大会上，雷锋满含仇恨地看着那些被绑着押到台上的地主们。他冲到台上，泪流满面地大声控诉地主们的恶行。他指着那个曾经抢走他柴刀还砍伤了他的地主婆，大声呵斥道："你不让我上山砍柴，还毫无顾忌地砍伤了我，真是丧心病狂。真没想到你也有今天，看你以后还怎么欺负别人。"

在这场轰轰烈烈的斗争中，雷锋终于扬眉吐气，他总算为死去的亲人们出了一口恶气。在广大民众的控诉和声讨下，那些平日里高高在上、趾高气扬的地主们只得俯首认罪了。

高高在上：形容领导者不深入实际，脱离群众。

阅读赏析

在顽强的抗争后，贫苦大众终于推翻了压在身上的大山，翻身做了主人，雷锋家乡的父老乡亲同样沉浸在喜悦当中。乡亲们都非常感谢在这一过程中帮助过自己的解放军战士们，雷锋还因此产生了对共产党与解放军的向往之情。

写作·借鉴

比 喻

比喻是一种常见的修辞手法,它是用与甲事物有相似点的乙事物来描写或说明甲事物,使文章更加生动。"从那以后,共产党的救命之恩,就像温暖的阳光一样照在了雷锋的心上,他在阳光的照耀下,如一棵小树苗一样,茁壮健康地成长着。"这句话将共产党的救命之恩比作阳光,将雷锋比作树苗,形象地展现了共产党给雷锋带来的温暖。

好词·好句

饱经沧桑　神采飞扬　语重心长　如火如荼　轰轰烈烈

★雷锋的脸上每时每刻都洋溢着幸福的笑容,他对未来的生活充满了期望。

★从那以后,共产党的救命之恩,就像温暖的阳光一样照在了雷锋的心上,他在阳光的照耀下,如一棵小树苗一样,茁壮健康地成长着。

★战士们抬头挺胸、气宇轩昂,穿着整齐的军装,迈着整齐的步伐向村子走过来,鲜艳的红旗迎风飘扬。

★人们的脸上交织着欢笑和泪水,似乎在诉说着他们内心的喜悦和难以言表的感激。

雷锋故事

阅读·思考

1. 雷锋为什么想参军？
2. 为什么连长拒绝了雷锋的请求？
3. 地主阶级最后的下场是什么？雷锋又是怎样做的？

拓展链接

中国人民解放军

中国人民解放军简称人民解放军、解放军，它是中华人民共和国最主要的武装力量。

解放军是由其他武装队伍演变而来的，它的前身是1927年8月1日的南昌起义后留存的中国工农革命军。在经过土地革命战争、抗日战争以及解放战争后，于1949年与八路军、新四军、东北抗日联军等部队陆续合并，改称中国人民解放军。

初学知识助成长

  时间过得飞快,转眼就来到了1950年的夏天,雷锋长大了一岁,到了该上学的年纪。这一天雷锋穿着新衣服、背着新书包,欢快地朝学校走去,这是他心心念念的事情。那么雷锋在学校有怎样的表现呢?快来看看吧。

  转眼间就来到了1950年夏天。这一天是个与众不同的日子,雷锋穿着新衣服、背着新书包,高高兴兴地走向了学校。雷锋就读的学校是当地办的第一所学校,学校老师们仔细考虑了雷锋的情况,决定免除他的学费。

  今天是雷锋第一天上学,他走在去往学校的路上,呼吸着分外清新的空气,听着鸟儿悠扬的叫声,看着翠绿的小草随着微风欢快地起舞,心里高兴极了。

  亲切和蔼的老师把崭新的课本和笔记本交给了雷锋,雷锋像捧着珍宝似的,小心翼翼地翻开新书的第一页,毛主席

在当时的环境下,到学校读书、崭新的课本都是非常珍贵的,雷锋非常珍惜。

慈祥的面容一下子就映入了眼帘。他静静地凝视着新书，在心里暗暗决定："我一定要好好学习，将来要为国家的发展献出自己的一份力量。"

那个送给雷锋钢笔，却没有留下姓名的连长所说的每一句话都被雷锋铭记在心，像一粒种子一样，随着时间的推移慢慢发芽。

学校里的生活简单快乐，雷锋的脸上经常挂着幸福的笑容，他知道上学的机会来之不易，所以倍加珍惜。

雷锋住在六叔奶奶家里，离学校有将近十里的山路，但他从来不叫苦不叫累。早上天不亮就出门往学校走去，到了教室之后，他总是会自觉地把教室打扫干净，然后才开始认真读书。放学后，他也总是披星戴月地赶回家里。无论条件多么艰苦，雷锋都凭借顽强的毅力一点一点地克服，无论刮风下雨，雷锋从来没有迟到早退过，他非常珍惜学校的时光。

雷锋和六叔奶奶一起生活。两人没有收入来源，六叔奶奶的年龄也越来越大，所以日子过得非常清贫。雷锋一直都是一个懂事的孩子，知道家里比较穷，他从来不会跟家里要东西，寒冬腊月的时候仍然穿着破旧的草鞋，小脚指头被冻得通红。老师和同学们都很心疼，他自己却一点儿都不在乎，只是一心想着学习。

有一天到了放学时间，雷锋还有一道算术题做不出来，

不管外部的条件怎样艰苦，雷锋总能凭借自己顽强的毅力克服，充分表现出雷锋心智的坚定，突出了雷锋的性格。

大方：①对于财物不计较；不吝啬。②（言谈、举止）自然；不拘束。③（样式、颜色等）不俗气。

雷锋的学习态度非常认真，他坚持独立思考，也要求同学独立思考，这既是对自己负责，也是对他人负责。

就坐在座位上不停地演算。一位同行的同学邀他一起回家，他说："我这道题总是做不对。"

那位同学<u>大方</u>地拿出自己的笔记本，递到雷锋面前说："我的写完了，你看看我的吧！"

雷锋笑着拒绝说："谢谢你，我想自己先思考一下。"

过了好一会儿，雷锋终于答出了这道题目，但和同学一对答案，发现两人得出的结果完全不同。

雷锋说："我已经算了好几遍，应该不会出错，你检查一下你的吧！"

"你借我抄一下就行了。"同学说。

"不行，你先自己检查检查，这样以后遇上同样的问题才不会出错。"

最终，那位同学听从了雷锋的建议，又仔细检查了一遍自己的作业，才发现原来是一个数据算错了。改正之后，两人会心地笑了。

雷锋学习非常认真，上课时聚精会神地听老师讲课，下课后用心地完成老师布置的作业，碰上放假的时候，他一边在地里干活儿，一边趁着闲暇的时候看书，抓紧每一分每一秒的时间。他学习刻苦，成绩优异，常常受到老师的表扬。

1954年，雷锋完成了四年的初小学习，从上车庙小学毕业，考入了清水塘完小读书。当时，这所学校有幸成为建立少年先锋队的试点学校，区团委打算在这里发展第一批"种子"队员。

雷锋积极准备，用心学习革命战士的英雄事迹，按照一名少先队员的标准严格要求自己。经过勤奋的努力，他光荣地成为"种子"队员中的一员。

那天的情景被雷锋牢牢地记在了脑海中，永生难忘。在鲜红的少先队队旗下，雷锋庄严地举起右手，大声宣誓："我是新中国的儿童，我志愿加入中国少年先锋队……为建设共产主义时刻准备着！"

成为少先队员后，雷锋时刻按照少先队员的标准严格要求自己，他遵纪守法，苦活累活抢着干，起到了模范带头作用。除此之外，他还积极参加宣传和文体工作，为发展新成员贡献自己的一份力量，帮助同学们共同进步。

1955年，雷锋从清水塘完小转到了离家较近的荷叶坝小学。当时，荷叶坝小学正在<u>筹备</u>建立少先队，雷锋由于经验丰富，成了队伍中的骨干，为了起模范带头作用，他以身作则，遵纪守法，宣传少先队的相关情况，鼓励同学们积极提出入队申请。

筹备：为进行工作、举办事业或成立机构等事先筹划准备。

红领巾是少先队员的标志，雷锋非常爱惜自己的红领巾。上学的时候，他一定会戴着它，等到放学的时候，他会将红领巾整齐地放在书包里，确保它不受污损。

有一次，雷锋他们去外面活动，突然遇上了雷雨天，眼

无障碍名著大阅读系列

看豆大的雨点噼里啪啦地打下来，雷锋毫不犹豫地脱掉自己的衣服，将队旗和红领巾包起来，自己却光着脊背任由雨水打在身上。

旁边的同学说道："有必要这样吗？淋湿了回去洗一洗就好了，很快就能晾干。"

雷锋严肃地说道："我们的红领巾是红旗的一角，是无数烈士用鲜血染红的，我们应该珍惜它。"

那位同学听完雷锋的话，愧疚地说道："以后我要向你好好学习，珍惜少先队的荣誉。"

六一儿童节的时候，少先队决定带领所有的队员们去湖南烈士公园，一切都准备好了，只差一位鼓手。这是一项非常艰巨的工作，需要背着好几斤重的大鼓走三十多里路，所以很多人都退缩了。雷锋见大家不愿意做，就主动承担了下来。到了出发的时候，瘦弱的雷锋走在队伍的最前面打着大鼓，其余的队员们踩着鼓点，唱着《少先队员之歌》向烈士公园进发。

走了七八里，瘦弱的雷锋已经累得满脸是汗。辅导员害怕他撑不下去，想找个同学过来替换他，雷锋立刻抬头挺胸，把鼓擂得更响，笑着说："我可以的。"到了中途休息时间，辅导员害怕雷锋累着，又提议说找个人替换他，依然被雷锋拒绝了，他说："我既然接受了这个任务，就应该有始有终。"于是，他背起大鼓，继续前进。

虽然红领巾被雨水淋过之后能晾干，但其所代表的意义对雷锋来说是重大的，通过雷锋的话语我们就可以感受到。

有始有终：指做事能坚持到底。

对于身体瘦弱的雷锋来说，重达数斤的大鼓无疑是一个巨大的负担，但他仍然背着它走完了三十多里路。尽管腰酸背痛，汗流浃背，但他从来没有想过要放弃。

雷锋明白，如果要将祖国建设得繁荣富强，仅靠个别学习好的人是没有用的，国家需要大批的栋梁之材，必须带动大家好好学习。为了实现这一目标，雷锋把少先队员们组织起来，成立了一个学习小组，帮助那些学习有困难的同学。有时候，个别同学因为一些原因不能上课，雷锋就带领学习小组的同学到他家为他补课。

当时，雷锋有一个姓朱的同班同学，做事粗心大意，是个马大哈。这位朱同学听课不认真，写作业敷衍了事，字写得像虫子爬一样，成绩总是上不去。为了帮助他，雷锋想尽了办法：

有一天，雷锋从朱同学的作业本里挑出了一些错别字，用白纸一个一个地描下来，拿到朱同学面前，说："你能猜出来这些是什么字吗？"

朱同学摇头晃脑地看了半天，说道："这哪里是字？明明就是蜘蛛爬嘛！"

雷锋笑了笑，拿出朱同学的作业本对照着说："看看，这明明就是你自己写的呀！"

朱同学非常难为情，脸色通红，从那以后，他写字认真了很多，学习成绩也有了不小的进步。

很多人的觉悟也很高，但是并没有付诸实践，雷锋敢想敢做、乐于助人，这正是他成功的原因之一。

敷衍：①做事不负责或待人不恳切，只做表面上的应付。②勉强维持。

1956年春，雷锋的家乡开展了轰轰烈烈的扫盲运动，但由于识字的人寥寥无几，找不到老师，工作一直难以进行。雷锋得知情况后，主动和同学一起帮助村里办了夜校。

每天放学后，雷锋急急忙忙地吃完晚饭就会赶到夜校，为那些大他六七岁的村民们上课，他尽自己最大的努力将知识讲给大家听，带动了大家的学习热情。数年以后，这些青年们不少都成了建设家乡的骨干力量。

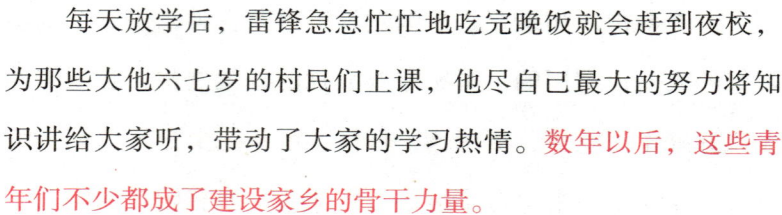

付出总会有回报，由于雷锋的辛苦努力，这些接受过雷锋帮助的人最终都有一定成就，从侧面反映出雷锋的品质。

雷锋助人为乐，总是帮助有困难的人，这让他受到了村民们的一致称赞。

雷锋所住的村子里，有一位双目失明的陈五爷，他是五保户，无儿无女，孤身一人。新中国成立后，这位老大爷的生活一直由村里负责照料。老人心里过意不去，总是尽自己最大的努力干一些力所能及的活儿。

有一天，陈五爷上山砍柴，回来的时候一脚踩空，跌在了地上，砍好的柴火也散了一地。雷锋从这里路过，看见老人的情况后，马上过来帮忙。他扶起老人，将柴火重新捆好，帮老人送回家才离开。从那以后，雷锋就经常去帮助老人，得到了老人和乡亲们的夸赞。山区气候无常，灾害频发，夏天的一场暴雨过后，就可能引发山洪。有一次，洪水淹没了路上的小石桥，挡住了人们的去路。雷锋每天上学都会路过此地，看见一群一二年级的小学生过不去河，他二话不说，挽起裤腿，将那些小学生一个个背了过去。从那以后，每次遇上大雨，雷锋都会去小石桥边，背那些小学生过河。

到了冬天，雷锋和同学小阎结伴上学，虽然寒风凛冽，但两人仍然说说笑笑，丝毫没有感到孤单。有一次，小阎双眼发直、手脚抽搐，直挺挺地倒向了旁边的泥塘。原来小阎患有羊痫风，随时都有发病的危险。

小阎陷入了泥塘里，而且越来越深，情势非常危急。雷锋根本来不及多想就以最快的速度跳进了泥塘里，尽自己最大的努力拉住了小阎。在寒冬的泥塘里，冰冷刺骨的泥水让雷锋身上的棉衣棉裤全都湿透了，他的身上像被针扎了一样疼痛不已，但雷锋完全忽视了这些，只是咬紧牙关、拼尽全力地想要救起小阎。

最后，小阎终于得救了，但坚持着将小阎送到了家的雷锋却病倒了。

雷锋无时无刻不是这样严格要求自己。1956年夏天，雷锋以优异的成绩从小学毕业了。

雷锋做好事并不是只帮助眼前一次就过去了，而是一直做下去，这恰恰是最困难的。

阅读赏析

雷锋进入朝思暮想的学校，开始了丰富、充实的学习生活。在学习的过程中，雷锋也时刻不忘助人为乐、与人为善的准则。他非常珍惜这珍贵的学习机会，刻苦学习，以身作则，受到了许多人的赞扬。

写作·借鉴

细节描写

细节描写是指抓住细小而具体的典型情节进行生动、细致的描绘，通常渗透在对人物、景物或场面的描写当中。"寒冬腊月的时候仍然穿着破旧的草鞋，小脚指头被冻得通红"就是一处细节描写，表现了雷锋的懂事与节俭。

好词·好句

小心翼翼　披星戴月　聚精会神　筹备　愧疚　敷衍

★ 那个送给雷锋钢笔，却没有留下姓名的连长所说的每一句话都被雷锋铭记在心，像一粒种子一样，随着时间的推移慢慢发芽。

★ 无论条件多么艰苦，雷锋都凭借顽强的毅力一点一点地克服，无论刮风下雨，雷锋从来没有迟到早退过，他非常珍惜学校的时光。

★ 这位朱同学听课不认真，写作业敷衍了事，字写得像虫子爬一样，成绩总是上不去。

★ 在寒冬的泥塘里，冰冷刺骨的泥水让雷锋身上的棉衣棉裤全都湿透了，他的身上像被针扎了一样疼痛不已，但雷锋完全忽视了这些，只是咬紧牙关、拼尽全力地想要救起小阎。

阅读·思考

1. 雷锋成为少先队员之后是怎样要求自己的？
2. 为了起带头作用，雷锋是怎样做的？
3. 本章中，雷锋都帮助了哪些同学？

拓展链接

中国少年先锋队

中国少年先锋队简称少先队，由中国共产主义青年团直接领导。中国少年先锋队成立于1949年10月13日，是中国少年儿童的群众组织，是建设社会主义和共产主义的预备队。

中国少年先锋队是由中国共产党创立的。每年，中国少年先锋队都会举行少先队代表大会，并对大、中、小队干部进行新一轮的选举。

党的关怀教育

　　雷锋刚从学校毕业后马上就回到了自己的家乡，想要建设自己的家乡。虽然雷锋自幼便失去了双亲，但是在党与乡亲们的照料下，他已经成长起来了。接下来会发生哪些故事呢？我们一起去看看吧。

　　雷锋刚从学校毕业，就回到了家乡，和乡亲们一起投身到抢收抢种的战斗中。顶着火辣辣的太阳，雷锋不怕苦不怕累，在田地里不停地奋斗，充满了干劲。雷锋成绩优秀，乡政府原本打算让他去县里读中学，但雷锋拒绝了，他要和广大农民们一起留在农村，做一名新式农民，为家乡的生产建设贡献自己的一份力量。雷锋的做法得到了已经成为安庆乡乡长的彭大叔的赞扬，彭大叔决定让他到乡政府做一名通信员。

　　到达乡政府以后，雷锋不仅将自己的本职工作做得非常好，还主动帮乡里统计秋收产量，填写相关报表，重活累活抢着干,哪儿有需要去哪里。

鉴于雷锋工作努力,吃苦耐劳,而且有非常高的思想觉悟,乡政府很快就推荐他去中共望城县委当公务员了。

推荐:把好的人或事物向人或组织介绍,希望任用或接受。

斩钉截铁:形容说话办事坚决果断,毫不犹豫。

初到县委工作的雷锋,年纪还小,稚气未脱的脸上总是挂着笑容。他办事勤快认真,机智灵活,而且乐于助人,受到了大家的一致好评,大家都亲切地叫他"小雷"。

县委的领导们对雷锋的情况很关心,只要有时间,他们就会给雷锋讲革命英雄的故事。有一次,他们讲到了秋收起义,说有一名共产党员不幸落入了敌人的圈套,受到了敌人的严刑拷打,但这位共产党员咬紧牙关、宁死不屈,没有泄露组织的任何秘密。

听到这样的英雄事迹,雷锋非常激动,他站起来斩钉截铁地说道:"我也要成为这样的人!"

"就是这样!"张书记接着说,"小雷,我们今天的生活来之不易,是共产党领导全国人民艰苦抗战,抛头颅,洒热血,推翻了压在我们头上的三座大山换来的。你现在已经是一名少先队员了,一定要铭记党的恩情,努力学习,不断进步,更好地为人民服务。"

雷锋坚定地点了点头,将张书记的这番话牢牢地记在了心里。

有一次,张书记带着雷锋出门,发现路上有一颗螺丝钉。雷锋玩心大起,一脚就将螺丝钉踢走了。张书记看到后,二

无障碍名著大阅读系列

这两个疑问是雷锋思想的转折点，也正是这颗螺丝钉改变了雷锋一生的认知。

话没说就走上前去，将螺丝钉捡起来装进了自己的衣服口袋里。这是为什么呢？为什么张书记要将那颗小小的螺丝钉捡起来呢？雷锋感到非常疑惑。

过了几天，雷锋接到了一个去农机厂送信的任务。出发的时候，张书记拿出那颗捡来的螺丝钉，放在雷锋手上说："小雷啊，你顺便把这颗螺丝钉也送过去吧！咱们国家的建设工作刚刚起步，我们要从一点一滴做起，虽然这只是一颗小小的螺丝钉，但如果没有它，机器就不能运转了。"

螺丝钉的故事真的影响了雷锋的一生，他时刻将它记在心中。

雷锋看了看手中的螺丝钉，终于明白了张书记的良苦用心。从那以后，螺丝钉的事情就成了雷锋终生难忘的回忆，时时刻刻鞭策着他，提醒着他。

在县委工作的时候，领导们晚上总是开会到很晚，那时候，雷锋就坐在隔壁的屋子里，一边看书，一边等会议结束。不管会开到多晚，雷锋总是在会议结束后将会议室收拾干净，然后才回去睡觉。

发现雷锋睡着了，张书记并没有打扰他，反而"轻手轻脚"地为雷锋披上了自己的大衣，足见张书记和蔼可亲的一面。

有一天晚上，夜已经很深了，张书记还在办公室里办公。雷锋像平时一样，坐在旁边一边看书，一边等张书记下班。

"小雷，你先去休息吧！"张书记催促道。

"没事，我还好。"雷锋振作精神。

在雷锋的坚持下，张书记只好答应让他留下来陪自己。很快就过了十二点，雷锋挡不住困意，趴在桌子上睡着了。

张书记害怕他着凉，脱下自己的大衣轻手轻脚地给雷锋披上后，又坐下来继续工作。

雷锋感受到身上的暖意后，睁开了蒙眬的双眼，发现天已经快亮了。张书记仍然在认真地工作，而他的大衣却不知什么时候到了自己的身上。雷锋低下头，看见了手背上当年被地主婆砍出的伤痕，一时间爱恨交加，情不自禁地红了眼睛，泪水止不住地流了出来。

张书记见雷锋哭得伤心，放下笔，站起来走到他身边问："怎么哭了，是不是想起以前的事了？"

"嗯……"雷锋强忍住夺眶而出的泪水，哽咽地回答。

张书记思考了一会儿，拉住雷锋的手安慰道："铭记过去受过的苦，才能体会到现在生活的甜啊。在过去遭受的苦难中汲取力量，让未来的工作更有动力，这是一个革命者最基本的素质。"

雷锋擦了擦眼泪，点了点头，将张书记的话记在了心上。

张书记看着雷锋手背上的伤痕，接着说："小雷啊，在万恶的旧社会，受苦的人到处都是，这是我们整个民族的苦难。现在好了，我们迎来了解放，相信生活一定会越过越好。你现在还年轻，一定要努力学习，制定一个明确的目标。"

雷锋想了想，说道："我的目标就是做一颗永不生锈的螺丝钉。"

张书记高兴地点了点头。

雷锋明白，只有不断汲取知识，才能为社会做贡献。

汲取：吸取。

这句话是雷锋一生的写照，也就是在这时候，雷锋树立了自己一生的目标并且认真践行，更加突出了他的优良品质。

所以，只要有时间，他就会去县委机关开办的业余文化补习班学习，他还经常去新华书店借书，不断提升自己的文化素养。

在县委机关工作的那段时间，雷锋一刻也不停歇地追逐着自己的目标，像一颗永不生锈的螺丝钉一样，闪闪发光。他将自己管理的公共财物打理得井井有条，不出一点儿差错；他主动承担打扫卫生的工作，将办公室打扫得纤尘不染；他还承担了接待来宾的工作，热情周到地对待所有来宾，受到了领导们的表扬。

阅读赏析

正式步入社会的雷锋认真践行为人民服务的准则，虽然有时候还是有些调皮，但在周围人的照顾与帮助下，雷锋养成了积极乐观的生活态度与工作态度，还树立了自己的人生目标：做一颗永不生锈的螺丝钉。我们应该像雷锋一样树立远大的目标，并为之不断奋斗。

语言描写

语言描写是塑造人物形象的重要方式之一。成功的语言描写总是鲜明地展示人物的性格，生动地表现人物的思想感情，深刻地反映人物的内心世界，使读者"如闻其声，如见其人"，获得深刻的印象。张书记的形象主要是通过语言描写的形式刻画的，他的语言极具哲理和启发性，如："咱们国家的建设工作刚刚起步，我们要从一点一滴做起，虽然这只是一颗小小的螺丝钉，但如果没有它，机器就不能运转了"，展现出张书记独特的人格魅力。

好词·好句

火辣辣　推荐　宁死不屈　斩钉截铁

★ 顶着火辣辣的太阳，雷锋不怕苦不怕累，在田地里不停地奋斗，充满了干劲。

★ 从那以后，螺丝钉的事情就成了雷锋终生难忘的回忆，时时刻刻鞭策着他，提醒着他。

★ 雷锋低下头，看见了手背上当年被地主婆砍出的伤痕，一时间爱恨交加，情不自禁地红了眼睛，泪水止不住地流了出来。

★ 铭记过去受过的苦，才能体会到现在生活的甜啊。

阅读·思考

1. 雷锋从学校毕业之后做了些什么事情?
2. 面对一颗螺丝钉,张书记是怎么做的?
3. 螺丝钉带给我们怎样的启示?

拓展链接

书 记

书记本是指办理文书及缮写工作的人员,但在一些政党以及政党型社团中,指的是主持日常事务的领导人。

在中国,中国共产党中央委员会以及中国共青团、中华全国总工会、中华全国妇女联合会等全国性社团的全国委员会都设有书记处,中国共产党和中国共青团的地方委员会设有书记和副书记职务。中国共产党的最高领导人称为"总书记"或"第一书记",而书记则指省委书记、市委书记、区委书记、县委书记等。

情系河湖

  1957年2月8日，雷锋正式成为中国共产主义青年团的一员，同时还被评选上了县委机关的"工作模范"称号。这些成就并没有使雷锋扬扬自得，他依旧以饱满的热情投入到劳动当中。这时候望城县近郊由于暴雨，河水泛滥成灾，雷锋为此做了什么事情呢？让我们一起进入雷锋的故事吧。

  1957年2月8日，由于表现优秀，雷锋光荣地成为中国共产主义青年团的一员，并评选上了县委机关的"工作模范"称号。

  在党的光辉照耀下，雷锋健康地成长着。他深刻地体会到：我像一个努力学习走路的孩子，党像一个温柔慈祥的母亲，她扶着我学会走路，给予我关怀和照顾。

  望城县近郊，沩河流淌而过，但一到夏季，这条河就成了两岸村民的噩梦。暴雨过后，河水泛滥成灾，给两岸村民的生产、生活造成了巨大的危害。这年秋天，望城县委做出

噩梦：可怕的梦。

当时的人对维护国家和集体利益都抱有极大的热情,都奋不顾身地要贡献出自己的力量,雷锋也是这样。

了彻底治理沩河的决定。

听到这个好消息,全县人民积极行动起来,摩拳擦掌,都想投身到治理洪灾的第一线。雷锋也不例外,他向县委提交了好几封申请书,终于获得了领导的批准。

雷锋简单地收拾了行李,匆匆忙忙地赶到工地,连休息都顾不上,急忙去找赵总指挥领取任务。

赵总指挥是县委副书记,和雷锋在一个单位工作,自然了解雷锋。他知道雷锋闲不住,便说:"我把这里最艰巨的一项任务交给你,和你平时的工作一样,就当一名通信员吧。"

热火朝天:形容场面、情绪或气氛热烈高涨。

一听这话,雷锋着急了,他可是一心想冲在第一线的。正想说服总指挥的时候,一个念头出现在了雷锋的脑海中:通信员任务繁多,而且一定不能缺少。想到这里,他欣然接受了这份工作。

指挥部相对来说更加安全,但是面对这样的情况,雷锋根本就无暇顾及其他,一心只想着国家财产高于一切,足见其觉悟之高。

没过多久,雷锋就热火朝天地投入到了当前的工作中。工地上的生活条件非常艰苦,住的地方是临时搭建的小工棚,非常简陋,但雷锋没有任何怨言,欣然接受。

工作刚开展没多久,就遇上了阴雨天。连续数天的阴雨,使得沩河的水位不断升高,那些堆积在河岸边的工具和材料,随时面临着被河水吞没的危险。

一天晚上,突然下起了大雨,为了使国家财产不受损失,指挥部采取紧急措施,调动人员赶紧抢救。雷锋和其他几个人被分配到了指挥部,但满心担忧的雷锋哪里坐得住,他让

<u>几个女同志暂时顶替他通信员的工作，冒着大雨前往现场和大家一起抢救国家财产，受到了众人的一致称赞。</u>

治河工程顺利结束，很快就到了第二年春天，县委领导们决定开展沼泽变身"鱼米之乡"的计划，在辽阔的团山湖开办农场。

当时，县里没有充足的资金搞建设，为了能为农业生产购置一台拖拉机，县委共青团发起了募捐活动，号召全县的青少年把自己的积蓄捐出来一些。

雷锋得知这一消息后，毫不犹豫地拿出了自己省吃俭用积攒下来的二十元钱，捐给了县里，成了当时捐款数目最多的人。

张书记知道雷锋做的事后，高兴地说道："你小子真不错！不愧是共青团员啊！"

<u>"和那些英雄人物相比，我做的这些实在是微不足道。"雷锋谦虚地说。</u>

张书记满意地点了点头，又说道："真是好样的！县里打算将开拖拉机的任务交给你，你觉得怎么样？"

雷锋高兴坏了，心想：在广阔的田野上开着拖拉机驰骋，是一件多么美好的事情啊！他下定决心，一定要继续努力，争取把这份工作做到最好。

转眼到了二月，马上就是春耕的时节了。雷锋站在团山湖农场，看着眼前亟待开垦的一万多亩荒地，深刻地感受到

面对张书记的表扬，雷锋并没有沾沾自喜，而是十分谦虚，突出了他的美好品德。

了身上责任的重大。他迫不及待地开始学习,希望能早日投入到劳动中。

任劳任怨:做事不辞劳苦,不怕别人埋怨。

白天,雷锋给师傅当农具手,和师傅一起出门,**任劳任怨**地学习。他将师傅讲的操作方法、机器部件的名称、保养要点等都牢牢地记在心里,晚上回到宿舍以后,立刻记在本子上。他还借了拖拉机驾驶、维修、构造等方面的书,每天坚持阅读。

在雷锋的艰苦努力下,仅仅花了一个多星期的时间,他就学会了开拖拉机。第一次坐在驾驶台上,雷锋非常激动,脸上的笑容怎么都停不下来。但兴奋之后,又是对第一次单独操作的担心和紧张:**机器发动不起来怎么办?力气不够,抓不稳方向盘怎么办?刹不住车怎么办?** 在周围乡亲们的期待中,雷锋越想越紧张,手脚也开始颤抖。

这一连串的问题突出了雷锋内心的顾虑,正是因为雷锋太看重这件事情了,所以才会顾虑颇多,突出了雷锋此时的压力。

师傅看见雷锋紧张焦虑的模样,安慰他,让他放松一些。雷锋长长地吸了一口气,一边回想之前学到的操作步骤,一边一步一步地操作着,很顺利就通过了试车。

晚上,雷锋仍然激动不已,他思绪纷飞,有太多喜悦和感激想要跟别人分享,于是,他写了一篇《我学会了开拖拉机》的散文,寄给了《望城报》,表达了他对党和人民的感激之情。1958年3月16日,《望城报》发表了这篇散文。

此后,雷锋开始了他拖拉机手的生活。不管刮风下雨还是烈日当空,雷锋都坚守在自己的工作岗位上,辛勤地耕耘,快乐地收获,将他的青春和汗水都洒在了望城县团山湖农场这片充满希望的土地上。

为了不耽误播种,雷锋和师傅两人马不停蹄、夜以继日地在田地间工作,他们轮流驾驶拖拉机,无论刮风下雨,都坚守在工作岗位上。经过农场全体职工的努力,只花了三个月的时间,他们就将原本荒芜的一万多亩土地开垦出来,变成了沃野肥田。

耕种是极其重要的事情,它关乎着许多人一年的生计,为了不耽误播种,雷锋和师傅不敢有丝毫懈怠。

转眼又是夏季,倾盆暴雨总是不期而至,几次之后就冲垮了农场的堤坝,雨水混杂着乱石和泥沙奔涌下来,破坏了不少庄稼。一天下午,雷锋和所有工作人员一样,正热火朝天地投身于抢险排涝的工作中,突然传来了"停机场也进水了"的喊声,雷锋二话不说,拔腿朝停机场冲去。水位已经上升到车轮边上,他赶紧跳上驾驶座,将拖拉机开到地势高的地方,然后用一块油布将它蒙住。

就算如此,他仍然不放心,晚饭过后就蹚着雨水去了拖拉机旁。因为害怕水位上升淹没拖拉机,整整一个晚上,他都待在拖拉机旁边。一直到第二天天放晴,洪水也慢慢退了下去,雷锋才放心地收拾东西将拖拉机开了回去。

一晚上没睡觉的雷锋眼睛红肿,眼窝深陷,同志们都劝他赶紧去休息。但雷锋却毫不犹豫地拒绝了,他跳上拖拉机的驾驶台,和往常一样投入到了一天的工作中。

在农场的日子非常辛苦,每天起早贪黑地去田里劳作,

起早贪黑:起得早,睡得晚,形容人辛勤劳动。也说起早摸黑。

一天下来非常疲累，不少青年职工因此打起了退堂鼓。为了不让这样的情况发生，农场的共青团组织团员们进行了激烈的讨论，雷锋也积极地找那些想退缩的人聊天，表达自己的一些想法。晚上，在微弱的灯光下，他写下了一段发人深省的话，希望借此勉励自己、启发他人。

"……如果你是一滴水，你是否滋润了一寸土地？如果你是一线阳光，你是否照亮了一分黑暗？如果你是一颗粮食，你是否哺育了有用的生命？如果你是一颗最小的螺丝钉，你是否永远坚守在你生活的岗位上？如果你告诉我们什么思想，你是否在日夜宣扬那最美丽的理想？你既然活着，你又是否为未来的人类生活付出你的劳动，使世界一天天变得更加美丽？我想问你，为未来带来了什么？在生活的仓库里，我们不应该只是个无穷尽的支付者。"

时光易逝，转眼已是秋天，收获的季节到来了。往年还是一片荒地的团山湖，现在长满了沉甸甸的金色稻谷，到处弥漫着稻香。辛苦了大半年的职工们都沉浸在丰收的喜悦中，他们夜以继日的努力终于换来了成果。

雷锋等人的辛勤劳作没有白费，他们迎来了丰收，这是对他们最好的奖赏。

阅读赏析

当望城县附近的沩河由于暴雨而泛滥成灾的时候,雷锋和众人一起义无反顾地抢险抗洪,努力挽救国家财产。在治理洪水的工作结束之后,雷锋很快又开始了开垦泽地的工作。雷锋这种积极热忱的生活态度值得我们学习。

写作·借鉴

连续疑问

连续使用疑问句具有渲染气氛、引发思考等作用。本章中连用"如果你是一滴水,你是否滋润了一寸土地?如果你是一线阳光,你是否照亮了一分黑暗?如果你是一颗粮食,你是否哺育了有用的生命?如果你是一颗最小的螺丝钉,你是否永远坚守在你生活的岗位上?如果你告诉我们什么思想,你是否在日夜宣扬那最美丽的理想?"等多个问句,展现了雷锋的思考,渲染了气氛。

好词·好句

摩拳擦掌　热火朝天　微不足道　驰骋　迫不及待　烈日当空

★我像一个努力学习走路的孩子，党像一个温柔慈祥的母亲，她扶着我学会走路，给予我关怀和照顾。

★第一次坐在驾驶台上，雷锋非常激动，脸上的笑容怎么都停不下来。

★不管刮风下雨还是烈日当空，雷锋都坚守在自己的工作岗位上，辛勤地耕耘，快乐地收获，将他的青春和汗水都洒在了望城县团山湖农场这片充满希望的土地上。

★为了不耽误播种，雷锋和师傅两人马不停蹄、夜以继日地在田地间工作，他们轮流驾驶拖拉机，无论刮风下雨，都坚守在工作岗位上。

阅读·思考

1. 治理沩河的过程中，赵总指挥交给了雷锋什么工作？
2. 第一次单独操作拖拉机的时候，雷锋有哪些担心？
3. 你对雷锋写下的那段话有什么感想？

> 雷锋故事

拓展链接

拖拉机

拖拉机是主要用于农业的动力机器，它能牵引不同的农具进行耕地、播种、收割等工作。拖拉机虽然是较为复杂的机器，其型式和大小也不尽相同，但它们都是由发动机、底盘、电器设备三部分构成，而且每一项都不可或缺。

拖拉机的种类很多，按照结构类型可以分为轮式、履带式、船形拖拉机和自走底盘等，小型的多用橡胶轮胎，大型的多用履带。

朋友以诚相待

1958年,大炼钢铁运动在全国范围内轰轰烈烈地展开了。为了响应党的号召,雷锋收拾了秋收后喜悦的心情,毅然决定离开家乡前往鞍钢。当他要离开与他朝夕相处的伙伴时,同伴们有怎样的表现?雷锋又是怎么做的呢?阅读下面的故事,你会找到答案。

1958年,全国掀起了大炼钢铁运动,还沉浸在秋收喜悦中的雷锋得知这个消息后,决定响应党的号召,离开这片生活多年的土地,去当时最大的钢铁基地——鞍山钢铁厂做一名钢铁工人。

那个时代,是一个充满激情、为国家的工业建设愿意付出青春的时代,全国的青年都热情似火,希望能为国家的崛起贡献自己的一份力量。

在农场一起工作的同志得知雷锋要走的消息后,都前来送行,尤其是那些和雷锋关系不错的青年们,更是难分难舍。

难分难舍:形容彼此感情很好,难以抛舍分离。

雷锋故事

1958年，雷锋正好十八岁，他平时活泼开朗、乐于助人，人缘非常好，交到了不少朋友，其中自然包括不少女性。

雷锋一直都是一个活跃的人，不管是文艺活动，还是体育活动，他都会积极参加。到农场工作后，由于有不少同龄的年轻人，共青团总会组织一些文艺体育活动，一方面可以促进大家的交流，另一方面可以增进相互之间的友谊。

爱看书的雷锋很擅长写诗，但由于他的普通话不好，朗读的时候总有些变味。每当这个时候，有一位女青年就会站出来，替他朗读。

金无足赤，人无完人，每个人都有自己的优点与缺点，雷锋也不例外。雷锋擅长写诗却不擅长读，这让他的形象更加真实，更贴近生活。

这位帮助雷锋的姑娘姓王，农场的职工都叫她"俏妹子"。她长得差不多和雷锋一般高，扎着一对小辫子，眼睛水灵有神，声音甜美柔和，说话的时候非常可爱。她比雷锋大一岁，总是以姐姐自称，叫雷锋"小雷弟弟"。

雷锋和她相识已经有好几年了。那时候，雷锋还在县委工作，小王姑娘是县供销社的营业员。和雷锋一样，小王姑娘也非常喜欢看书，他们经常在新华书店遇见，一来二去的，互相就认识了。此后，两人就经常互相借书看，一有时间还会一起讨论交流，共同学习。

雷锋喜欢在安静的夜里看书，一个人享受读书带来的快乐。为了避免影响其他人睡觉，他就将屋里的电灯线移到自己床头，然后用枕巾、报纸遮住电灯的光。一天，已经很晚了，雷锋还在看书，他困得实在不行了，无意识就进入了梦

为了不影响别人的休息，雷锋只能用这样的方式来读书，由此可以看出雷锋时刻为他人着想的品格。

· 45 ·

无障碍名著大阅读系列

乡，最后灯泡将枕巾烤煳了，几乎闹出一场事故。自此以后，雷锋就不再用电灯，想改用手电筒。

次日，他去供销社买看书用的手电筒，但是没有货了，就没买上。当小王姑娘知道雷锋买手电筒的原因后，就特意去其他地方买了个长手电筒，并亲自交给了雷锋。雷锋当下要把钱给她，不料她却无论如何也不肯收，还说："我的工作可不是卖手电筒，就当是我借给你的吧！等你不用的时候再给我。"

小王姑娘说出这样的话，一方面避免了雷锋的尴尬，另一方面也体现了她善良和乐于助人的美德。

日后，这个手电筒陪雷锋度过了很多个读书的夜晚。

后来，那位小王姑娘和雷锋两人都被调到了农场，他们有了更多的机会交流，两个人的友谊越来越深。

现在雷锋马上要被调离农场了，小王姑娘的心中五味杂陈，非常不是滋味。在雷锋即将离开的前一天夜里，小王姑娘去了雷锋的宿舍，她泪眼模糊，脸上硬挤出一丝笑容，将一本有着墨绿色绸面的烫金日记本交到了雷锋手上。

烫金：在印刷品等上面烫出金色的文字或图案。方法是先把文字或图案制成金属凸版，用火或烫金电炉烘热后，在铺着金箔的印刷品等上面压印。

"上面写着我想对你说的话，我明天还要去地里干活儿，不能去送你……"她的话说到一半，就扭头匆匆忙忙地离开了，因为她担心自己会无法克制自己的情绪。

雷锋看着她离去的背影，将日记本打开，看见她用整齐端正的字写着这样一段话：

……弟弟，你身上的很多地方都值得人们钦佩！在青少年中很少有你这样的，你一定会为社会主义的建设做出非常伟大的贡献。你做事的干劲儿和钻劲儿会让你一往无前。我希望你可以投身于社会主义建设的伟大事业里，将自己所有的光和热都贡献给祖国、贡献给整个世界，使每个人都知道雷锋的名字，让他们像我一样热爱你、钦佩你。弟弟，我希望你可以让姐姐的愿望成为现实……

这段真诚的话语里蕴含的诚挚的友谊深深打动了雷锋，他知道这不只是祝福，更是自己的毕生理想。他安静地在床上躺着，思索着什么，久久不能入睡。

或许小王姑娘当时写下这段话，仅仅是她自己的美好愿望，是她对自己朋友的祝愿，但是她怎么也想不到，后来的雷锋真的做到了，整个中国，甚至整个世界都知道有个人叫雷锋，并且从心里热爱他、钦佩他。这个叫王俐伶的普通女孩，首先发现了雷锋，并且真正地了解了雷锋。

除了小王姑娘，还有个被年轻人称为孙姐的人特别关心雷锋，孙姐担任农场团支部书记一职，是从政法部门下放来到农场的，她待人热情大方。

孙姐非常喜欢写日记，还对大家说写日记对文化知识和写作水平的提高有很大作用，还可以时刻审查自己的思想行为，真是一举两得。在她的鼓励下，很多农场的年轻人都学着写日记，雷锋和王俐伶是最受鼓励的人。在他们看来，写日记是一种非常好的学习方式，他们将日记本相互交换，相互提出建议。孙姐经常夸奖雷锋的日记，夸他在日记中写出

从这句话中我们可以看出，小王姑娘实际上十分敬佩雷锋，同时也对他寄予厚望。

审查：检查核对是否正确、妥当（多指计划、提案、著作、个人的资历等）。

了自己的思想以及独到的看法。从孙姐那里,雷锋学到了许多珍贵的东西,如今马上要离开她,心中自然非常恋恋不舍,但他想:好男儿志在四方,不必这样难以割舍。

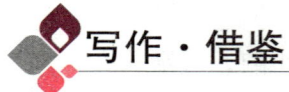

  雷锋与周围的人们建立了深厚的友谊,以自己真挚的情感感染着身边的每一个人,小王姑娘就是其中最受感染的人。同时也因为小王姑娘的鼓励,更坚定了雷锋为人民服务的决心,虽然离别让雷锋的心中充满感伤,但好男儿志在四方,雷锋还是坚定地迈出了自己的步伐。

写作·借鉴

肖像描写

  肖像描写也称外貌描写,通过描写人物的外貌(容貌、衣着、神态、体形、姿态等),揭示人物内在的思想性格,表达作者的情感,刻画人物形象。本章中,"她长得差不多和雷锋一般高,扎着一对小辫子,眼睛水灵有神,声音甜美柔和,说话的时候非常可爱"就是对小王姑娘的肖像描写,刻画出了小王姑娘的基本形象。

 雷锋故事

好词·好句

难分难舍　五味杂陈　克制　一举两得

★她长得差不多和雷锋一般高,扎着一对小辫子,眼睛水灵有神,声音甜美柔和,说话的时候非常可爱。

★雷锋喜欢在安静的夜里看书,一个人享受读书带来的快乐。

★在雷锋即将离开的前一天夜里,小王姑娘去了雷锋的宿舍,她泪眼模糊,脸上硬挤出一丝笑容,将一本有着墨绿色绸面的烫金日记本交到了雷锋手上。

阅读·思考

1. 1958年,大炼钢铁运动展开后,雷锋做了什么决定?
2. 小王姑娘是怎么与雷锋结识的?
3. 雷锋喜欢写日记的习惯是受谁的影响?

拓展链接

钢　铁

钢铁是铁与碳、硅、锰、磷、硫以及微量的其他元素组合而成的合金。除铁之外,碳的比重对钢铁的机械性能起着极其重要的作用,因此统称为铁碳合金。钢铁是工程技术中

最重要、最主要、用量最大的金属材料。

按照不同标准可以将钢铁划分成不同种类,如:按照化学成分可以分为碳素钢、合金钢;按照冶炼设备可以分为转炉钢、平炉钢、电炉钢等。

一路向北奔鞍钢

北上的日子终于到了,雷锋和一些青年顺利搭上了北上的列车。这些青年大多是从湘潭、长沙和望城赶来的,其中竟然有个人和雷锋是"冤家对头"。这个人究竟是谁呢?他们为什么会成为"冤家对头"?下面的故事会告诉你答案。

北上的日子终于到了,在一个喧嚣嘈杂的夜晚,长沙火车站灯火璀璨,人山人海,络绎不绝的人流来来往往。那些从湘潭、长沙和望城赶来的年轻人都聚集在这里,将乘坐北上的列车,一起去鞍山钢铁厂。

这些青年们年龄差不多,凑在一起,马上就熟悉了。雷锋对面坐着个女孩,他看着有点儿眼熟,聊过之后才知道,那个女孩叫杨必华,说起来两个人曾经还是"冤家对头"呢。

原来,望城二中有一个在县里排行第一的篮球队,被称为"打遍全县无敌手",杨必华正是这个篮球队的队员。团

璀璨:形容珠玉等光彩鲜明。

无障碍名著大阅读系列

这里解释了雷锋和杨必华是"冤家对头"的原因,同时也突出了杨必华的能力,为后文故事的发展奠定了基础。

山湖女子篮球队也是数一数二的篮球队,她们不愿屈居第二,就想和二中女篮比试比试。

雷锋非常喜欢打篮球,打球时在球场上到处跑,但因为他比较矮,每当有正式比赛,他就只能在一边坐着,有的姑娘开玩笑说他可以参加女队,没想到雷锋真的同意了,但只是做"特邀场外指导"。

那是一场非常激烈的比赛,在裁判员和对方队员同意的情况下,雷锋上场了,气氛一下就进入了高潮。但最后他们还是以三分之差输给了二中,最后两队球员握手时,雷锋对杨必华说:"我们这回没发挥好,下次再分个伯仲。"

杨必华看了看他,笑道:"谁还会和你有下次!"

但没想到的是,在这北上的列车上,雷锋竟然和杨必华重逢,真应了那句"冤家路窄"的老话,当他们说起那场球赛,就像认识了许久的朋友似的说个没完。雷锋还通过杨必华认识了张悦琪和易秀珍,她们都是未来的鞍山钢铁厂女工,张悦琪的家在长沙郊外的农村,易秀珍则毕业于长沙市五中。

重逢:再次遇到(多指长时间不见的)。

夜里,雷锋整夜没睡,在这响着鼾声的火车上,雷锋在昏暗的灯光下开始看小说。半夜时分,坐在雷锋对面的张悦琪睡醒了,在睡眼蒙眬中,她看到雷锋还在看书,就说:"你真会抓住每一分每一秒,在到达鞍钢之前,就开始研究炼钢技术了。"

雷锋不由得笑了起来,他想这个女孩从农村来,读书很少,只看书名的话不闹笑话才怪！然后雷锋就开始怀着满腔热情将书里保尔·柯察金的故事讲给她听。

当时，这本以保尔·柯察金这位英雄人物为主人公的小说盛极一时，尤其是在年轻人心里有着特别高尚的位置。小说中保尔说的一段话成了许多人的座右铭：

人最宝贵的是生命，生命对每个人只有一次。因此，人的一生应当这样度过：当一个人回首往事时，能够不因虚度年华而悔恨，不因碌碌无为而羞愧；这样，在他临死的时候，能够说：我把整个生命和全部精力都献给了人生最宝贵的事业——为人类解放而进行的斗争。

之后他们在鞍山钢铁厂工作的时候，雷锋常以保尔的精神来鼓励她们三个，雷锋希望她们不要被困难打败，而要在自己的岗位上做出力所能及的贡献。后来她们三个看到雷锋，都开玩笑地称呼他为"保尔"。

他们在北京倒车的时候，还和其他朋友一起去了天安门广场。雷锋兴高采烈地站在金水桥上，激动地仰视着挂在城楼上的中华人民共和国的国徽和那幅毛主席像，他的脸上洋溢着幸福的微笑，眼角挂着激动的泪水。

> 在当时，天安门广场是年轻人心中的圣地，反映出他们的爱国热情。

然后他们又向北驶去，在途中，他们说说笑笑，窗外不停地闪过不同的风景。经过一番周折，他们终于来到了鞍山钢铁厂。刚下车，那些屹立的高炉、高耸入云的烟囱以及比比皆是的钢材使他们呆住了。眼前这无比壮观的景象，使他

这句话深刻体现出当时的社会氛围，也就是所谓的工人一家亲，反映出当时的年轻人以建设国家为己任。

们感到暖暖的。

来到鞍钢公司，雷锋未来的同事们敲锣打鼓地来迎接这些满腔热忱的青年。次日，厂里让新来的工人参观钢铁厂。雷锋在冶炼车间看到工人们分秒必争地工作，不由得跃跃欲试。他迅速走向烧得红通通的炉门，来到一位拿着钢钎、浑身大汗淋漓的工人师傅身边，喊道："师傅，我要多久才能学会炼钢？"

"你希望在我们的车间学习炼钢不成？"

"我会争取的。"

"好的，非常欢迎你。"

"我肯定会来的。"

然后，他们又去参观了化工总厂。进去时恰巧赶上煤场开进了一列专门运煤的火车，随着一声巨响，一翻车斗，一车煤就都被卸到了煤场上。几辆推土机将煤推到了巨大的门形吊车下面，然后吊车将煤运到输送带上，最后通过输送带将煤送到炼焦车间。

随着雷锋眼界的不断开阔，他的认识也在不断改变着，这是一种进步的表现。

目睹了这一切的雷锋非常惊讶，他越来越清楚工人有多么伟大。

他们这些新来的年轻人都有了自己的工作，因为雷锋会开拖拉机，上级领导就让他进了化工总厂洗煤车间工作，让他做推土机手。但是雷锋一门心思想做炼钢工人，他来到洗煤车间，坦率地对于主任说："我来这里就是想学炼钢，为什么让我在洗煤车间当推土机手？"

于主任见雷锋直言不讳，非常喜欢他，说："小同志，你来的时间尚短，还不熟悉炼钢过程。我们炼钢厂的所有车间都是为炼钢服务的。就说我们洗煤车间吧，我们的任务是卸煤，将煤运到炼煤车间，想要炼钢，就要先将煤炼成焦炭；如果炼钢厂没有煤气，就不可能炼出钢！炼钢的过程就好像一部机器，而这里的车间和工种则是上面的零件和螺丝钉，缺少哪个环节都不能正常工作。"

焦炭：一种固体燃料，质硬，多孔，发热量高。用烟煤高温干馏而成。多用于冶炼。

于主任说到螺丝钉的时候，雷锋忽然回忆起县委张书记说过的话。雷锋马上就明白了里面的道理。他心想：只要可以为社会主义建设贡献自己的力量，我宁愿当一颗螺丝钉！

然后，他就开心地开始工作了。这时有几辆型号不一的推土机正在煤场工作，雷锋立刻去找值班主任，请他允许自己跟班。值班主任看见他很矮，就让他跟一台比较小的推土机。"怎么不让我跟大车子？"雷锋感到很费解。

面对值班主任的分配，雷锋感到很费解，因为他认为自己应该跟大车子，这表现了雷锋积极的一面。

"开大车非常辛苦。"

"我不怕辛苦，只要可以让我干更多的活儿就可以了！"

值班主任非常喜欢他身上的冲劲，就带他去了80号大型推土机那里，然后指着在车上工作的乔安山说："这是乔师傅，今后你就跟他学吧！"

雷锋立刻眉开眼笑，说："好的。"乔安山还没有将车停好，雷锋就迫不及待地登上了车，和乔安山握了握手，说：

"师傅，请您收我为徒吧！我肯定很快就能学会。"

乔安山看他个子不高，担心他很难开好大车，但知道他有过开拖拉机的经验，又有股冲劲，就兴高采烈地将这名徒弟收下了。

雷锋是南方人，刚到东北就要受到冬季严寒的考验，而且开推土机全都是露天作业，乔安山怕雷锋承受不了，但雷锋总是拍着胸脯说："我可以顶住！"

雷锋日复一日地在凛冽的寒风中学习开推土机。在乔安山到来之前，雷锋早就已经做好了全部的准备，乔安山操作推土机时，他就在旁边注意观察。他抓住了所有的学习机会，钳工对推土机进行检查修理的时候，他就在旁边专心研究推土机的内部构造、各个部件的性能以及拆装推土机的技术等。

雷锋抓住所有的学习机会进行学习，正是这种坚持不懈、积极进取的精神，使雷锋能够在较短的时间内取得较大的进展。

没过多久，雷锋就具有了独自操作推土机的能力。乔安山经常对别人夸奖道："雷锋是我所有徒弟中学得最好、最快的！"

后来，雷锋每天都要用推土机往吊车下运几十车皮的煤，然后吊车会将这些煤送到各个部门。他每天的劳动强度都很大，但他觉得自己为炼钢和炼铁贡献了力量，这是非常有价值的。

有一次，一场大雪过后，整个煤场都被覆盖了一层白雪。雷锋来到煤场，和以前一样开始认真工作，但是路非常滑，他没掌控好速度，无意中将煤场上用于推轱辘马的铁道轧坏

覆盖：①遮盖。②指地面上的植物，对于土壤有保护作用。

了。乔安山看到，厉声喝道："小雷，你也太不认真了，你把铁道轧坏了，别人就没法儿工作了！"

雷锋来这里已经三个月了，以前从没出过事故，也从没被批评过，他的脸"唰"地红了，心里非常后悔。然后他就用自己休息的时间，一声不吭地将铁道修好了。

自此，他工作更加仔细负责了。

在用推土机推煤的时候，有时不可避免地会将地上的土也铲起来。其实在这大山似的煤里，有一点儿土并不会影响什么，但雷锋却认为只要有一点儿土，就会对炼焦的质量造成影响，而焦炭的质量差，就会直接对炼钢和炼铁造成影响。因此，他作业的时候很仔细，只要发现有土掺进了煤里，他就马上下车将土弄出来，如果看见别人把土铲到了煤里，他也会想方设法地把土弄出来。他对工作认真负责，很多人都开始向他学习；因为他这种勤恳的工作态度，值班主任特意夸奖了他。

雷锋来到鞍钢以后，经常写信给从前帮助、教导过他的望城领导和同事，告诉他们自己现在的工作和思想。县委赵书记曾回信给雷锋说：你要在伟大的工人阶级里，自觉接受党的教育。好好学习，不要忘本，努力使自己成为一名具有共产主义觉悟的工人……

对于一般人来说并不会有影响的事情，在雷锋看来可能有很严重的问题，反映了雷锋认真负责的一面。

阅读赏析

　　终于抵达了鞍钢，有志气、有理想的雷锋朝气蓬勃地开始了自己的艰苦奋斗。他将《钢铁是怎样炼成的》的主人公保尔·柯察金说过的话当作自己的座右铭来激励自己。虽然在工作的过程中多多少少也会出现失误，但这些都不能影响雷锋工作的热情与积极性。

写作·借鉴

引　用

　　引用指写作时，有意引用诗句、典故、成语、格言等，来表达自己的思想感情，阐述自己对问题与新道理的见解。本章引用了保尔·柯察金的一段话展现了雷锋的理想与奋斗目标。

好词·好句

　　璀璨　络绎不绝　冤家路窄　直言不讳　眉开眼笑

　　★北上的日子终于到了，在一个喧嚣嘈杂的夜晚，长沙火车站灯火璀璨，人山人海，络绎不绝的人流来来往往。

　　★当一个人回首往事时，能够不因虚度年华而悔恨，不因碌碌无为而羞愧；这样，在他临死的时候，能够说：我把整个生命和全部精力都献给了人生最宝贵的事业——为人类解放而进行的斗争。

★雷锋兴高采烈地站在金水桥上，激动地仰视着挂在城楼上的中华人民共和国的国徽和那幅毛主席像，他的脸上洋溢着幸福的微笑，眼角挂着激动的泪水。

★刚下车，那些屹立的高炉、高耸入云的烟囱以及比比皆是的钢材使他们呆住了。

阅读·思考

1. 雷锋为什么会参加女队的比赛？
2. 保尔·柯察金对雷锋产生了怎样的影响？
3. 雷锋因为什么事情受到了乔安山的严厉训斥？

拓展链接

车　间

车间是企业内部在生产过程中完成某些工序或单独生产某些产品的单位，它是企业内部组织生产的基本单位，也是企业生产、行政管理的一级组织。

车间具有以下四个特点：1.它是按照专业化原则形成的。2.它是介于厂部和生产班组之间的企业管理中间环节。3.通常车间生产的产品是半成品（成品车间除外）或企业内部制品，不会直接生产出商品。4.车间不是独立的商品生产经营单位，通常不直接与外部发生经济联系。

闪光的青春

1959年夏天，由于生产的迫切需求，鞍山钢铁公司决定在弓长岭矿山再建一个焦化厂。但那里的条件较为艰苦，有一些青年不愿意去那里工作，只有雷锋是第一时间报名的。就这样，有些人就给他起了一个外号，究竟是什么外号呢？雷锋对这个外号有什么看法呢？我们一起去看看吧。

1959年的夏天，因为钢铁生产的迫切需求，鞍山钢铁公司要再建一个焦化厂，选址在弓长岭矿山，那里急需年轻工人去进行基础建设。领导在动员工人的时候，不仅说明了建设该焦化厂对钢铁生产工作的重大意义，还特别说明了那里位于山区，条件非常艰苦。

想到工作的迫切需要，雷锋立刻站起来说道："条件恶劣算什么，我报名！"然后就积极加入了建设新焦化厂的行列。

但是他身边的一个年轻人却说："不可能有人想去，除非是傻子，那里饭吃不饱，住的条件又不好，还不给涨工资，

> 新工作地点的条件十分艰苦，因此有很多年轻人并不愿意前往，但是雷锋却主动申请，充分表现了他吃苦耐劳的精神。

反正我不去。"

雷锋听到他的话，很恼怒，说："要是所有人都和你一样'聪明'，就没有人建设社会主义了，我们作为年轻人，就该当你口中的'傻子'，我们应该去最需要我们的地方。"

那个自以为聪明的青年被雷锋的话羞得面红耳赤。在他的鼓动下，有很多人加入了这个行列。

新焦化矿山坐落在一个闭塞的山脚下，这里四面八方都是一片荒凉。他们刚来的时候，连宿舍都没有，只得借住在破土房中，而且他们每天都要去两里外的村子里挑水。

冬天到了，凛冽的寒风吹进难以挡住风的破土房，钻到工人们单薄的被窝里，他们冻得瑟瑟发抖，经常在睡梦中被冻醒。夏季碰到雨天，雨水会漏进屋里，将他们的被子和褥子都淋湿，导致他们根本无法入睡。

一些年轻人很快就开始心神不宁，开始抱怨。但雷锋却一直非常乐观，他经常说："只要还有床铺让我们睡觉，就是一种福啊！"

有天夜里，外面的大风猛烈地吹着，雷锋非常冷，冻得翻来覆去无法入睡，他旁边的那位老师傅将自己用来压脚的被子给他盖上了。

雷锋连忙起来，给老师傅盖上被子，说道："我不怕冷，还是您盖着吧。"

"怎么会不冷呢！你是从南方来的，没我们北方人耐冻。"

面红耳赤：形容因急躁、害羞等脸上发红的样子。

抱怨：心中不满，数说别人不对；埋怨。

在这样艰苦的环境中，老师傅还将自己的被子盖到了雷锋身上，表现出他乐于助人的情怀。

然后又把被子盖到了雷锋身上。

雷锋静静地躺着，感动得哽咽了，他深深地体会到了社会主义大家庭的温暖。

经过很多难以忍受的漫漫长夜后，建设宿舍的工程终于动工了。他们从临近的地方捡回石头来打地基，雷锋都是捡最大的石头。在运木头的时候，他也是扛最大的。当他发现好人好事的时候，就通过写墙报来宣传。

天气一天比一天冷，上级领导让雷锋所在的那个班负责和泥，这份工作非常艰巨。没过几天，雷锋就意识到运砖和砌砖两个小组成员来到工地后，往往要等一个多小时，等和泥组和好泥才能开始干活，拖延了工程的进度。然后雷锋就号召和泥小组中的共青团员早些上班，如此一来，就可以大大地节省时间了。后来，他们每天都披着晨星去工地上和泥，从而让运砖组、砌砖组的成员们可以按时工作。他们本来是用铁锹和二齿钩子和泥，但发现效率非常慢，而且有些土块太硬，根本搅不开，于是雷锋毫不迟疑地卷起裤腿，光着脚跳到泥里，用脚将土块踩碎。上级领导担心他的脚冻坏了，让他把鞋穿上。但是当他穿着鞋踩进泥里时，他的鞋马上被泥粘住了，根本拔不出来。为了不影响工作进度，雷锋又脱了鞋和泥。和泥组的其他成员受到他的鼓舞，都照做起来，他们在寒气逼人的泥里，干得非常卖力，说说笑笑的，并不觉得寒冷。

雷锋勤于思考，乐于观察，善于发现问题、解决问题，这让他在工作和生活中都变得更加顺利。

鼓舞：①使振作起来，增强信心或勇气。②兴奋；振作。

结束了一天的工作之后,他们开始尽情地打扑克牌,谈笑风生,喧嚣声回荡在这间昏暗的屋子里,使一天的疲劳都减轻了。雷锋偶尔也会玩一会儿,但却总不能尽兴,因为他脑子里想的都是学习的事。他对自己的要求特别严格,每天都要留出一些时间来学习,以拥有更多的知识,使自己一直进步。他曾经在日记里写下这样的话:

"青春啊!永远是美好的,可是真正的青春,只属于那些永远力争上游的人,永远忘我劳动的人,永远谦虚的人。"

这句话表达了雷锋内心的想法,他力争上游,不虚度青春,热爱劳动、谦虚谨慎,体现出他积极的人生观。

一天夜里,雷锋和以前一样聚精会神地在调度室里看书,忽然,外面下起了瓢泼大雨。这时,陈调度员赶来,着急地说道:"工地上那六节车皮的水泥还在车上呢,如果雨水将水泥淋湿了,水泥就会变质,必须马上抢救!"

雷锋听后,赶紧号召了二十多名年轻人淋着雨来到工地,他们拿来芦席和雨布遮住车里的水泥。但是他们找来的芦席、雨布只是杯水车薪,于是雷锋不假思索地将自己的衣服脱下来,盖到了水泥上,他还拿来自己的被子,也盖到了水泥上。在大家的共同努力下,有超过七千袋水泥幸免于难。

杯水车薪:用一杯水去救一车着了火的柴,比喻无济于事。

雷锋仅仅在焦化厂待了五个月,包括在鞍钢工作,总共十四个月。在这期间,由于他踊跃劳动、默默奉献、不怕困难,他先后三次获得"先进工作者"称号,十八次获得"标兵"称号,五次获得"红旗手"称号,还曾获得"社会主义建设积极分子"称号。

雷锋那火红的、亮闪闪的青春，将永远在祖国的每片土地上大放异彩；他无私的奉献从未中断，为他自己赢得了一身荣誉。他的日记里有很多这样的话：

"一滴水只有放进大海里才能永远不干，一个人只有当他把自己和集体事业融合在一起的时候才能有力量。

"力量从团结来，智慧从劳动来，行动从思想来，荣誉从集体来。

"我要永远戒骄戒躁，不断前进。"

戒骄戒躁：警惕自己，防止骄傲和急躁。

阅读赏析

雷锋和一群热血青年义无反顾地前往了最需要他们的地方。在这里，他们不畏困难，不辞劳苦，用自己火红闪光的青春建设新中国。正是因为这种奉献精神，他才获得了众多荣誉。也正如他在日记中写的那样："一滴水只有放进大海里才能永远不干，一个人只有当他把自己和集体事业融合在一起的时候才能有力量。"

写作·借鉴

详写和略写

详写是指对直接展现中心思想的主要材料进行具体而详细的叙述和描写，它可以使文章重点突出、主题鲜明；略写是指对与展现中心思想有关但不能直接展现中心思想的材料，进行简单、概括式的叙述，它起补充说明的作用，可以使文章内容更加充实。在文章中，详写和略写相辅相成、互为补充。本章中，"在这期间，由于他踊跃劳动、默默奉献、不怕困难，他先后三次获得'先进工作者'称号，十八次获得'标兵'称号，五次获得'红旗手'称号，还曾获得'社会主义建设积极分子'称号"是略写，它概括了雷锋在焦化厂的工作，对他的工作进行了补充说明。

好词·好句

迫切　面红耳赤　荒凉　瑟瑟发抖　踊跃

★要是所有人都和你一样"聪明"，就没有人建设社会主义了，我们作为年轻人，就该当你口中的"傻子"，我们应该去最需要我们的地方。

★冬天到了，凛冽的寒风吹进难以挡住风的破土房，钻到工人们单薄的被窝里，他们冻得瑟瑟发抖，经常在睡梦中被冻醒。

无障碍名著大阅读系列

> ★一滴水只有放进大海里才能永远不干，一个人只有当他把自己和集体事业融合在一起的时候才能有力量。
>
> ★力量从团结来，智慧从劳动来，行动从思想来，荣誉从集体来。

阅读·思考

1. 雷锋为什么要主动前往新焦化厂？
2. 在新焦化厂中，雷锋遇到了哪些令人感动的事情？
3. 为了提高工作效率，雷锋都做了哪些事情？

拓展链接

社会主义

社会主义是一种社会学思想，它主张整个社会应该是一个整体，由社会拥有和控制产品、资本、土地、资产等，并基于公众利益进行管理和分配。

社会主义的概念不是一下子就形成了的，它经历了不同阶段。16世纪初到19世纪30—40年代，空想社会主义逐步形成，并对欧洲乃至美洲产生了很大影响。19世纪30—40年代后，马克思与恩格斯总结了欧洲工人运动的经验与教训，批判地吸收了空想社会主义的思想成果，创立了科学社会主义。科学社会主义主张依靠工人阶级和革命人民实行无产阶级革命并建立无产阶级专政，这使它迅速得到了工人阶级的认同，空想社会主义的影响逐渐衰落下去。

当兵的心愿

  1960年，征兵的消息如约到来，这让很多年轻人都十分激动，他们踊跃报名，想成为一名光荣的解放军战士。这个消息也让雷锋非常兴奋，但雷锋的参军之路似乎并不顺利，这是为什么呢？在参军的过程中雷锋又有哪些经历？快来看看吧。

  1960年，征兵的消息如约到来，青年们都兴高采烈，积极地报名想做光荣的解放军战士。雷锋也非常高兴，甚至夜不能寐，他在床上翻来覆去想的都是当兵的事。

  终于盼到了报名那一天，雷锋无法抑制即将报名当兵的兴奋，实在无法在床上等到天亮，就在凌晨三点多起床，急忙跑到负责统计报名人员的李书记家，"砰砰"地开始敲门。李书记听到声音就出来开门，看到是雷锋，就笑了笑，说："雷锋，这么晚了不睡觉，你来我这里做什么？"

  "我要报名当兵。"

"我还以为出什么事了呢,你连自己的衣裳都没穿好!"李书记一边说,一边脱下自己的棉袄给雷锋穿上,还说道,"你要是冻得生病了,还怎么参军?"

事实上,十年以前,一支解放军队伍从他的家乡经过的时候,雷锋就想和队伍一起走,因为太过年幼,就没有达成心愿。但是他的心中始终装着这个愿望,现在,他的年龄够了,可以去完成自己的梦想了。

这里照应了前文,突出了雷锋想要当兵的坚定信念,同时也体现了雷锋对梦想的坚持不懈和他勇往直前的精神。

可是,过了几天,当应征年轻人的名单出现在布告栏上时,雷锋居然没有在上面发现自己的名字,他连忙跑去敲响了李书记家的门。

李书记拍着他的肩说道:"难道你忘了要服从分配吗?"

"我想参军,想保卫国家。我自小就吃苦耐劳,我的名字怎么没出现在名单上?"

"我懂你的感受,但这件事要经过市人民武装部的批准才可以,我只能替你联系联系。"

次日,雷锋来到了辽阳市人民武装部,负责这件事的人接待雷锋时,雷锋开门见山地说出了自己想当兵的决心和理想,还把自己的生活经历讲了一遍。在他的一番恳求之后,武装部的人答应让他先去检查站检查身体,然后再研究。

雷锋参军的愿望极其强烈,为了达到标准参加军队,他想尽了办法。

来到检查站,雷锋看到前来检查的人个个身强体壮,因此心中战战兢兢的，怕自己不能过关。所以在医生给他量身高时，他就尽量踮起脚尖。医生看到了，笑了笑，说道："一定要实事求是！你一米五四，的确有些矮！"

他连忙涨红了脸说："我虽然长得矮，但我是一名出色的推土机手，很有力气。"

医生给他测体重时，雷锋又用力向下压磅秤。

医生忍俊不禁，笑道："不管你怎么压，也到不了五十公斤！"

雷锋又说："我早晨没吃饭，连水都没喝，如果我吃饱了，一定够五十公斤！"

听了他的话，医生们都笑了起来。

在医生给他进行内科检查时，他解开衣服，医生看到他后背的疤痕，就问他："你这疤痕是怎么回事？"

雷锋听到医生的话后，脑海中掠过从前的各种不幸经历，就愤愤地说道："是在旧社会弄的，就是这个原因，我才下定决心当兵。"

医生听到他的话，动了恻隐之心，但是他的身体条件没有达到标准，就让他去和武装部的相关人员谈谈。

武装部经过研究，最终决定，因为雷锋同志当兵的愿望特别强烈，尽管他身体条件不合格，还是让他进了预备部队。

恻隐：对受苦难的人表示同情；不忍。

雷锋来到新兵站，一如既往地闲不住，他积极地帮助武装部做一些整理和配发新兵军装的工作。雷锋看到这些崭新的军装，非常激动，他从中挑了套比较小的军装，急忙穿在身上，又戴上一顶棉军帽，昂首挺胸地来到一名助理员身边，给他行了个军礼，然后说："同志，我的样子像不像一个合格的战士？"

从"急忙""昂首挺胸"几个词语中，我们可以感受到雷锋急迫的心情，同时也突出了他想要成为一名军人的渴望心理。

助理员看到，笑着说："你现在这么开心，为时太早，预备队可不能穿军装。"

雷锋听见他的话心里很不舒服，自言自语道：我肯定会成为一名光荣的解放军战士！

后来，武装部的领导认真讨论了雷锋的情况，都认为雷锋出身贫寒，经受了许多实际斗争的磨炼，有着坚定的立场、良好的政治素养和较高的思想觉悟；虽然他的身体素质不达标，但因为他先后开过拖拉机和推土机，并多次被表彰，所以最后他们做出决议：同意雷锋入伍。

表彰：表扬（伟大功绩、壮烈事迹等）。

这下，雷锋参军的心愿终于得以实现，他无比兴奋地去领了入伍通知书。

1960年1月8日，还有八个小时新兵就要出发了，雷锋长期以来的梦想终于成真，他将军装穿在身上，真真正正地成了一位光荣的解放军战士。

他心中满怀着期望和理想，昂首挺胸地在新兵的队伍里前进,他们要前往辽阳火车站。此时此刻,他心中异常激动。

到了火车站,他和武装部的上级领导们告别,他严肃地说:"首长们请不要担心,我日后肯定会是一名好战士!"

"我们期待你入伍后有好消息传来。"武装部的上级领导鼓舞他说。

伴着火车响起的汽笛声,几个小时后他们就到达了营口站。有两排士兵在月台的两边奏起欢快的音乐来迎接这些新入伍的战士。这些新战士刚从火车站出来,部队的首长和一些老战士都微笑着迎接他们,和他们握手。

接兵的营长姓金,他指着雷锋对部队的首长们说:"新兵们一致推选这位小同志作为新兵代表。"

雷锋马上给首长们敬礼。

"你怎么称呼?"部队首长问。

"雷锋。"

"这名字非常响亮!"首长笑了笑,拍着他的肩膀说,"待会儿要开一个欢迎新兵大会,你这个新兵代表要代表你们这批新兵发言啊!"

在欢迎新兵大会上,负责主持这次会议的团俱乐部主任说:"现在请我们的新兵代表——雷锋同志发言。"

一阵热烈的鼓掌声响起,雷锋昂首挺胸地向讲台走去。

月台:①旧时为赏月而筑的台。②正殿前方突出的台,三面有台阶。③站台。

让雷锋代表新兵发言,不仅仅因为他拥有一个响亮的名字,更主要的是因为他之前的光辉事迹。

台下有一千多名士兵一起看着雷锋，他将早就准备好的发言稿拿出来，凑近话筒，说道："尊敬的首长同志和老兵同志们，我谨代表这一批新兵……"

突然有阵风吹来，他准备的发言稿一直无法展开，然后他索性就将发言稿揉作一团，凑近话筒，开始即兴发言。

"我们这批新兵，可以在六十年代这个开门红的岁月穿着军装，走进我们这个革命大家庭，都感到无比的荣幸和光荣。我们是从祖国的四面八方聚集到这里来的，我们曾经是工人、农民或者学生，但是我们的心愿只有一个：那就是成为一名好战士，保家卫国，不愧对首长同志和老兵同志对我们的期许……"他发言结束的时候，台下响起了雷鸣般的掌声，久久没有停息。

那天晚上，雷锋参加了他参军以来的首次班务会，会后，他掏出那个簇新的日记本，拿起笔在第一页留下了这样的句子：

"我永远向您学习，英雄的战士黄继光！为了党和人民的事业，就是上刀山下火海，我也心甘情愿，头断骨碎，身红心赤，永远不变。"

冬天的北方，天空中纷纷扬扬地飘着雪花，部队里寒风凛冽，刺骨的冷风吹入他们住的营房。但是雷锋一点儿

这是一句描写雷锋动作的语言，在这句话中，"揉"字运用得恰到好处，充分表现了雷锋激动的心情。

这里对寒风凛冽的环境进了渲染，这更衬托出雷锋心中的温暖。

都没有感到冷，因为他正沉浸在人民军队这个温暖的革命大家庭中。

欢迎新兵的标语贴得到处都是，每一句都那么真心实意。团部和营部的首长们经常来到新兵连，他们对这些新兵问寒问暖，给这些新兵带来关心和温暖。老兵们将新兵们照顾得无微不至，他们经常将新兵的宿舍收拾得一尘不染，让他们睡最厚的被褥，还将他们簇新的黄军被叠得有棱有角。雷锋的班长薛明是个老兵，来自四川，沉默寡言，但他每天都是第一个起床，将火炉烧得旺旺的以后，才让战友们起床。每日早操过后，他都会亲切地和战友们说："同志们，先别做别的事，先来烤暖和了。"

新兵教育中的传统教育课是由老团长上的。那日，一群士兵一起去了俱乐部，刚进门就看到墙上挂着很多奖旗，有的奖旗上绣的是"名扬四川"，有的绣的是"功在黔东南"，还有的绣着"万难莫挡英雄连"。

大家之所以听得如痴如醉，不仅仅是因为故事的可歌可泣，更是因为大家对英雄的崇拜。

大家围坐在桌子四周，老团长就开始讲这些奖旗得来的经过，那些可歌可颂的故事似乎就在大家眼前上演，大家都聚精会神地听着，被深深地打动了。

从这以后，雷锋下定决心要用实际行动将人民军队的优秀传统发扬下去，他在新兵连的时候只要看到谁有困难，就会主动予以帮助，他还教战友们唱歌，办了一个"学习专栏"，不管是出公差勤务，还是搞内务卫生，他都永争第一。

有天晚上，雷锋手持冲锋枪，在营房前面连续站了两班岗，因此晚上着了凉。他出完早操回来，就觉得身上忽冷忽热的，而且头昏沉沉的。即使这样，他依旧强打着精神，和以前一样参加新兵连的所有活动。

夜里，雷锋翻来覆去地无法入眠，头脑里闪过很多过去的场景，他脑海里出现了那位送他钢笔的连长……此时，披着大衣的金营长在手电筒的微弱灯光下，轻轻地进入宿舍查铺。看到有位打呼噜的战士伸出了一条腿，金营长就轻轻地将那条腿挪进被子里，然后把被子塞好。

金营长走到雷锋的床边，看到他脸红红的，就摸了摸雷锋的额头，他知道雷锋发烧了，就将他的被子盖好，迅速离开了。

很快金营长就回来了，还有位军医跟在他身后，雷锋看到非常感动。军医给雷锋打了一针，还给他留了感冒药，金营长给他倒了开水，让他吃了药躺在被子里好好睡一觉，临走又为他盖了盖被子。

躺在床上的雷锋感动得热泪盈眶，他想自己是何其幸运，能够受到这些领导无微不至的关心和帮助，他每时每刻都在爱的包围中成长。他无法继续躺下去，迅速爬起来，翻开日

昏沉：①暗淡。②头脑迷糊，神志不清。

儿时的经历让雷锋记忆深刻，因此面对这样的温暖的时候才会更加感动，同时也更加珍惜。

记本,拿起钢笔饱含深情地写下了这首以前耳熟能详的诗歌:

唱支山歌给党听,

我把党来比母亲;

母亲只生我的身,

党的光辉照我心。

旧社会鞭子抽我身,

母亲只会泪淋淋;

共产党号召我闹革命,

夺过鞭子揍敌人。

阅读赏析

雷锋得知部队征兵后非常兴奋,他满怀希望和抱负想要加入这一行列。在经过重重检验之后,雷锋终于进入军营,成了一名新兵。不幸的童年经历让他格外珍惜当下的美好时光,所以即使生病也不想错过军营的活动,而部队的温暖使雷锋常常热泪盈眶,他更加珍惜这样的生活了。

 雷锋故事

写作·借鉴

反 衬

在描写或叙事的过程中，为了突出、强调某些人或某件事，用其他相对或相反的人、事、物作为对照或映衬，这种写法技巧叫反衬。与其他衬托方法相比，反衬能更好地突出和表现主体，使其更鲜明。本章中以凛冽的寒风反衬雷锋在战士们的欢迎下感受到的温暖，使这份温暖更加突出。

好词·好句

开门见山　战战兢兢　实事求是　忍俊不禁　昂首挺胸　耳熟能详

★来到检查站，雷锋看到前来检查的人个个身强体壮，因此心中战战兢兢的，怕自己不能过关。

★他心中满怀着期望和理想，昂首挺胸地在新兵的队伍里前进，他们要前往辽阳火车站。此时此刻，他心中异常激动。

★冬天的北方，天空中纷纷扬扬地飘着雪花，部队里寒风凛冽，刺骨的冷风吹入他们住的营房。

★老兵们将新兵们照顾得无微不至，他们经常将新兵的宿舍收拾得一尘不染，让他们睡最厚的被褥，还将他们簇新的黄军被叠得有棱有角。

阅读·思考

1. 在检查身体的时候，雷锋为什么要尽量踮起脚尖、用力向下压磅秤？

2. 在部队中雷锋又碰到了哪些事情？

3. 是什么样的温暖令雷锋热泪盈眶？

拓展链接

新兵连

新兵连是新兵入伍后参加集训的临时组织，它是部队的临时编制。

为了使应征入伍的青年适应民转兵的过程，了解部队正常的一日生活秩序，新兵应征入伍后都要先集中到一起进行训练和生活，通过政治学习和基本素质的训练，来打下到部队正常工作训练的基础。新兵正式进入所属部队后，新兵连就会解散。

苦练本领当好兵

在进行新兵训练的这段时间,训练科目很多,任务非常紧。虽然雷锋的积极表现得到了领导的认同,但他还是遇到了很多困难,如投掷手榴弹。面对困难,雷锋是怎么做的?答案就在下面的故事之中。

在新兵训练的日子里,任务非常紧,而且训练科目很多,大家都争分夺秒地投入到训练中。领导们十分满意雷锋的积极表现。

开始单兵训练的时候,雷锋在练习投掷手榴弹时碰到了难题,因为身体素质差,雷锋第一次练习投掷手榴弹,只扔出了二十来米的成绩。

投掷手榴弹要扔多远才算及格是有标准的,那些熟练的老兵和高大的新兵能轻而易举地将手榴弹扔到四十米外,但雷锋拼尽全身力气也无法及格,这令他心急如焚。班长在旁

心急如焚:心里急得像火烧一样,形容非常着急。

边无数次地纠正他的动作，心平气和地告诉他要领和技巧，一旁的战士们也为他加油鼓气，但是他将胳膊都甩疼了，依旧没有及格。他急得不停地责怪自己：投手榴弹都不及格，你还怎么上战场？

自己的成绩不合格，加上雷锋强烈的集体荣誉感，促使他不断训练，即使身体受伤也要训练，表现了他顽强的毅力。

雷锋不想拖整个班的后腿，就将全部休息时间都用在了投掷手榴弹上，经过几天的反复练习，胳膊又红又肿，他也不在乎。即便如此，他的成绩非但没有一点儿提高，反而大不如前。

雷锋非常不解：为什么自己反复练习，却没有一点儿提高呢？

然后，他便开始更加频繁地练习，但是他的身体很快就无法招架了，感觉筋疲力尽的。夜里睡觉时，他的身上像有很多针在扎一样。

看到雷锋这样拼死拼活地训练，班长心疼地说："这又不是一时半刻可以练好的，欲速则不达！"

"马上就要进行实弹投掷考试了，我不想给大家拖后腿！"雷锋无可奈何地说道。

班长见他这么积极向上，就将自己这些年的经验传授给他："单单这样练习投掷，不会有什么效果，而且会事与愿违。你可以全方面训练一下，平时可以练练单杠，做做俯卧撑，效果应该会好点儿。"

事与愿违：事情的发展跟主观愿望相反。

雷锋顿时领悟了，说道："好的！多谢班长指点。"

从这天起，雷锋不仅每天都要进行投掷手榴弹的练习，还要做双杠、单杠及俯卧撑等的训练。十来天后，雷锋的臂力就增大了很多，投弹成绩迅速提高，终于达到了指标。雷锋这种锲而不舍、吃苦耐劳的精神鼓舞了很多人，他们都下定决心，努力训练，争取在实弹考核里获得优异的成绩。

名师释疑
指标：计划中规定达到的目标。

实弹考核的时候到了，新兵连的战士们神采奕奕、信心满满地聚集在操场上，在一声声口令过后，手榴弹纷纷炸向"敌人的城堡"，那里立刻腾起一阵硝烟。

这时只听指导员说："雷锋就位！"雷锋紧张得心怦怦直跳，战友们也都为他捏了一把汗，就连指导员也不断鼓励他。

雷锋调整呼吸，出列，到达指定位置。只见他拧开手榴弹的盖子，将小铁环套在手上，纵身一跃，用力一甩，手榴弹就向远处飞了过去，只听"轰"的一声，敌人的"碉堡"被摧毁了。

名师点睛
经过一系列的动作描写，不仅反映出雷锋的训练成果，同时也体现了他动作的标准，突出了他的努力进取。

看到这样的场景，战友们欢呼雀跃，好像比自己投中还要高兴，纷纷前来向雷锋表示祝贺。

"革命需要我烧木炭，我就去做张思德；革命需要我去堵枪眼，我就去做黄继光。"

不管处于怎样的岗位，雷锋不仅是这样说的，也是这样做的。

三个月的新兵训练马上就要结束了，雷锋和同班的几个同志一起被分配到了运输连当汽车兵。工程兵部队中，汽车兵属于技术兵种，为此，大家都感到很高兴。但雷锋却有不一样的想法，他找到指导员，问道："指导员，如果打仗，汽车兵能上战场吗？"

一听这话，指导员就已经猜透了他的想法，于是微笑着说："肯定会上前线的，抗美援朝时，汽车兵只有躲过敌人的飞机和炮火，才能将物资送到前线的战士手中，这也是至关重要的。"

名师点睛

每一种工作都有它的职责与作用，都是十分重要的。

雷锋听到后感到很高兴。

"笑什么，难道你对汽车兵有意见？"

"不，只要能到前线就行。"

听到这样的话，指导员感到很欣慰。

当天晚上，有一场新兵文艺联欢会，台上的战士们神采飞扬，才华尽显。该雷锋上台表演了，只见他镇定地走上舞台，拿出自己写的一首小诗，激情澎湃地念了起来：

镇定：①遇到紧急的情况不慌不乱。②使镇定。

小青年实现了美丽的理想，

第一次穿上了庄严的军装，

急着对照镜子，

心窝里飞出了金凤凰。

党分配他驾驶汽车，

每日就聚精会神坚守在车旁，

将机器擦得像闪光的明镜，

爱护它像爱护自己的眼睛一样。

士兵们纷纷为这首诗鼓掌，因为这道出的不仅是雷锋的心声，也是每一个新兵战士的心声。

次日清晨，刚收到通知的新兵连让新兵们将各自的东西收拾好，赶往各个连队。他们仅在一起生活了三个月，但是已经建立了深厚的友谊。即将分别的时候，他们给对方祝福和鼓舞，祝愿他们可以在各自的岗位上获得佳绩。

雷锋刚要和几位战士一起去运输连，却下来一个通知让他去完成一项新任务——参加团里战士业余演出队。

指导员对雷锋说，部队要去抚顺完成一项非常重要的施工任务，演出队要排练一个可以体现军中生活的节目，然后给施工队表演。

雷锋高兴地接受了上级给自己安排的任务，满口应允。

因为部队是临时组织的这个演出队，成员少，还要多表演节目，所以每个人都要演很多角色。演出队的领导让战士们各显神通，尽量让节目丰富些。

雷锋很主动，他报了一个诗朗诵、一个快板及三四个集体说唱类的节目。领导非常开心，但也为他担心，怕他表演这么多节目，记不住这么多台词。

雷锋却信心十足地说："保证完成任务。"

雷锋接到任务后就开始积极准备起来。他每天都抓住一切时间来背台词，练习动作，就连吃饭走路想的都是台词。功夫不负有心人，最后彩排时，他将所有台词都背得滚瓜烂熟。

> **名师点睛**
> 这首诗不仅是雷锋的心声，也是所有士兵的心声，反映出士兵们一心报效国家的宏伟愿望。

> 应允：①答应（做）。②允许。

释疑

一筹莫展：一点儿计策也施展不出；一点儿办法也想不出。

但是，有个新问题又出现了，雷锋的湖南口音非常重，和别人的声音非常不和谐，会对整个表演的效果造成影响。演出队的领导愁眉苦脸，一筹莫展。

经过领导的反复研究，他们还是决定换下雷锋。当领导委婉地将这件事告诉雷锋时，他立刻就明白了自己的问题，所以同意放弃演出，还说："是我的错，我原来认为只要有革命热情就能将事情做好，却没考虑集体利益。"

其他人看到领导换下了雷锋，都非常难受，他超过一个月的努力全都没用了，大家都为他打抱不平。

于是演出队的领导就想和雷锋谈谈。

开始雷锋没有说话，过了一会儿他抬起头，无比真诚地说："我支持领导的决定，这都是为了保证节目的质量，是无可厚非的。请您放心，我一定会干好后勤工作，让战友们安心练习。"

通过对这些细节进行描写，反映出雷锋不管身处怎样的岗位，都能踏踏实实、兢兢业业做事的优良作风。

后来，他就不再去排练场了，但是他比以前还要忙。他每天都要给排练的战友们送水，有人生病了，他还负责打饭和送药，将他们的各个方面都照顾得非常好。其他人排练完，雷锋还会留下来收拾卫生，将道具整理好才回去。

过了一个月，演出队去了抚顺的工地表演，而雷锋却收到通知让他赶回运输队。

阅读赏析

虽然雷锋训练时的积极表现受到了指导员的赞扬，但他也有一项不达标的训练项目，那就是投掷手榴弹。在大家的帮助与自己的努力下，他终于克服了困难，成了一名优秀的军人。他吃苦耐劳、踏实苦干、努力奋进的精神感染了每一个人。

动作描写

人物的每个行为动作都是受其思想、性格制约的，因此，具体细致地描写某一人物在某一情况下所做出的反应——主要是动作反应，就必然会显示出这一人物的内心活动、处世态度、思想品质。成功的动作描写，可以交代人物的身份、地位，可以反映人物心理活动的进程，可以展现人物的性格特征，有时候还能推动情节的发展。本章中，"只见他拧开手榴弹的盖子，将小铁环套在手上，纵身一跃，用力一甩，手榴弹就向远处飞了过去，只听'轰'的一声，敌人的'碉堡'被摧毁了"运用了动作描写的手法，展现了雷锋刻苦练习的结果，体现了他永不言弃的性格。

无障碍名著大阅读系列

好词·好句

轻而易举　心急如焚　欲速则不达　锲而不舍　各显神通　滚瓜烂熟　打抱不平

★ 夜里睡觉时，他的身上像有很多针在扎一样。

★ 实弹考核的时候到了，新兵连的战士们神采奕奕、信心满满地聚集在操场上，在一声声口令过后，手榴弹纷纷炸向"敌人的城堡"，那里立刻腾起一阵硝烟。

★ 雷锋紧张得心怦怦直跳，战友们也都为他捏了一把汗，就连指导员也不断鼓励他。

★ 只见他拧开手榴弹的盖子，将小铁环套在手上，纵身一跃，用力一甩，手榴弹就向远处飞了过去，只听轰的一声，敌人的"碉堡"被摧毁了。

阅读·思考

1. 雷锋是怎样克服自己难以达到实弹投掷目标这一问题的？
2. 在新兵联欢会上，雷锋展现了哪些才华？
3. 为什么雷锋最终没有参加演出？

拓展链接

手榴弹

　　手榴弹是一种攻防皆可的小型手投弹药，也是使用较广、用量较大的弹药。它因17世纪、18世纪欧洲的榴弹外形和碎片有些类似石榴和石榴子而得名。手榴弹既能杀伤有生目标，又能对坦克和装甲车辆造成破坏。手榴弹体积小、质量轻，在携带、使用上都很方便，曾在战争中发挥过十分重要的作用。

"钉子"精神

雷锋回到新兵连后被安排去接受驾驶汽车的专业训练,而其他新兵此时已经进行了一个多月的学习,雷锋的进度明显落后于其他人。雷锋是怎样追赶的呢?阅读下面的故事,你将会知道答案。

雷锋回到了新兵连,被编进了新兵排,接受驾驶汽车的专业训练。

此时,新兵们已经在那里学习了超过一个月,汽车的基础知识都已经掌握,接下来就要开始实际操作了。雷锋非常着急,他立刻找到王排长,请求他的帮助。

王排长将一本《汽车驾驶》的书交给他,并说道:"你先看看这本书吧!你来连队晚,不能着急,也不能立刻去工地,迟几天也无妨。"

"不能再迟了。"雷锋早就去过工地了,老战士们都在没

没日没夜:指不分昼夜(做事情)。

<u>日没夜</u>地开着汽车运输建筑材料,他真想立刻去开汽车,怎么会愿意迟几天上工地?

他会开拖拉机和推土机,非常了解这两种机器,可是汽车与拖拉机、推土机的操作方法不可能一模一样。于是他就开始研究汽车的构造、性能和驾驶方法,并把它和拖拉机、推土机做比较,看它们有什么不同。只要他看到车场有闲着的车,他就立刻带着笔记本在车上爬上爬下,熟悉汽车的零件,并体会它们的构造和原理。

当新兵排<u>探讨</u>汽车的相关原理和构造的时候,雷锋说的话都观点鲜明、有理有据,其他战士都很钦佩他,不约而同地夸奖这个新兵。

通常,掌握了汽车的原理、构造之后,他们就可以真正学开车了。但是因为连里有许多东西需要运输,不少教练车都被开到了施工工地上运材料,所以只有几部车可以供他们练习,而新兵排有二三十个新兵,有的人一天都轮不到开一次车,这可怎么办?

新兵小韩说道:"你们有没有看到过六班造的汽车模型?咱们为什么不去造个教练车呢?"

雷锋想想,茅塞顿开,说道:"你是说,咱们去造一个汽车教练台?"

"是的,我们没法儿造汽车模型,但总能造汽车教练台吧!"

名师释疑

探讨:研究讨论。

小韩的一句话,打通了所有人的思路,同时也推动了故事的发展。

听了他俩的话，班上的其他人也都跃跃欲试。说干就干，他们先设计了一张汽车教练台的图，在请示过王排长后，他们捡来一些废零件，就开始行动起来，一个做铁匠，一个做木匠，他们的教练台没几天就完工了。在安方向盘时，雷锋耐心地将方向盘擦亮，然后涂上黑漆，看着就像新的似的。

他们将这个教练台放在宿舍旁边，很多战士都来观看，而且都想上去试试，试过后都说和真的汽车很像。雷锋也争分夺秒地在教练台上训练掌握方向盘、踩离合器、踩油门、挂挡等技术。晚上到了睡觉时间，他躺在被窝里，想的还是开汽车的动作要领，并且脚也随着动了起来。

在一番刻苦训练之后，他终于补上了以前落下的课程。**在他这种努力研究精神的鼓舞下，整个班级的战士们都开始主动研究专业技术，新兵排的战友们还让他当上了技术学习小组的组长。**

好的榜样可以带动其他人学习的积极性，相互影响，使事情朝越来越好的方向发展。

王排长将雷锋的情况报告给运输连的高指导员后，高指导员在全连军人大会上点名夸奖了雷锋这种努力研究技术的精神。

对于雷锋来讲，批评和表扬都会让他拥有前进的动力。当技术学习小组的组长时，他明白不但自己要将技术学好，还要和其他战友共同进步。他熟悉了原地驾驶技术后，就开始真正练习开汽车了。他初次开着教练车在大道上行驶的时候，非常兴奋，又有些紧张。王排长让他坐稳，两只手将方向盘<u>控制</u>好，看着前方，而且要告诉自己："必须沉着、镇定，脚要稳！"但是他知道，他恨不得马上飞到工地上去。

经过一个月的练习，雷锋成功地通过了考核，正式成了一名汽车兵。连队经过研究，将他分到了二排四班，然后，排长将13号军用卡车分给了他，还安排小韩做他的助手，他非常激动。在他开着车第一次将水泥送到工地的时候，这项气势恢宏的工程地基早已完工，已经要砌砖了。他感到有些遗憾，说道："唉！我来迟了！"

四班的战友都很钦佩他，鼓励道："你来得不晚，你是最晚下新兵排的，却是最早下战斗班的，你可是后发先至啊！"

正如大家所知，雷锋干一行就爱一行，他研究技术<u>专心致志</u>，学习时心无旁骛。他开车不仅稳，而且快，他在外面开车时，经常向助手小韩咨询，问小韩自己在开车的时候是不是有什么不足，平常的时候他还善于向老兵们求教。

坐公共汽车时，他总是站在司机后面，向司机学习在各种情况下应怎样操作，哪怕车上有很多座位空着也是如此。

一次，他乘着兄弟部队的卡车赶往驻地，在路上，他感觉车速忽然变慢了。他连忙透过驾驶室的后窗向前看去，发现司机拉了阻风一下，这个动作是在汽车上坡的时候才能做的。雷锋感到很奇怪，下车后，就马上去请教开车的司机。司机说："我拉阻风是想知道自动减速究竟是因为油路出了故障，还是电路出了故障。"雷锋觉得这个办法非常好，就

名师释疑

控制：①掌握住不使任意活动或越出范围；操纵。②使处于自己的占有、管理或影响之下。

专心致志：一心一意；集中精神。

无障碍名著大阅读系列

雷锋善于发现、善于钻研，因此他才能不断充实自己、提升自己。

回去向班里的同志说了。

通过这件事他明白了，要想成为一名优秀的汽车兵，首先要学会修理汽车。从这以后，每次开车，他都会让小韩给他构思各种情况，以提高他排除故障的能力。而且，他还看了很多和汽车有关的书，掌握了很多和汽车有关的学问，雷锋很快就成了一位掌握了较广泛知识的汽车兵。

一次出发前，雷锋和小韩一起检查汽车，发现有一个豆粒大小的火花塞帽不见了，怎么也找不到。小韩想赶紧出发，就拿来一个新的，说道："咱们要赶时间，而且任务繁重，快把这个安装上发车吧！"

用雷锋和小韩对待这件事情的不同态度做对比，体现出雷锋坚持己见、一丝不苟的精神。

"任务再繁重，时间再紧迫，也不行！如果那个火花塞帽掉到了汽缸里，而咱俩没责任心地发车，发生事故，国家会蒙受多大的损失？我们必须找到它才能发车。"

雷锋一再坚持，小韩只得和雷锋一起将车上的零件拆开，认真检查。果然不出所料，他们在汽缸里找到了那个火花塞帽。小韩长舒一口气说："幸亏有你，否则后果难以想象！"

雷锋在归纳这些日子的学习体会时，在日记里写下了这样的话：

只要人听党的话，车子就会听人的话。事实证明：只要付出了艰苦的劳动，车子就会会听使唤。平时不愿下苦功，不肯做艰苦细致的工作，要想车况好，那就像坐着不动，想让苹果掉到嘴里来一样，是根本不可能的事。

他还写道：

从内心往外说，我时刻都想多学点儿本领，更好地为人民服务。我时刻牢记着马克思的教导：不学无术在任何时候，对任何人都无所帮助，也不会带来利益。今天，我为了人民的利益，阶级的利益，革命的利益，多学点儿本领就更为必要了。我所以要虚心学习，刻苦钻研，学到真本领，就是为此目的。

一天，有个叫小贾的小学生去看电影。这时电影尚未开始，他看到前面坐着一位解放军叔叔，那个解放军叔叔正全神贯注地看一本非常厚的书。在好奇心的驱使下，他探头看了一眼，那人在看《毛泽东选集》，他仔细看了看那个看书的人，不由自主地说道："原来是雷锋叔叔，就这么短的时间，您还要看书啊！"雷锋听见他的话，扭过头说道："时间不算短啊，我已经看了好几页了，这就叫积少成多！要想学习好，就必须争分夺秒。"

然后他问小贾："你有没有抓紧时间学习呢？"

"没有。"小贾难为情地说。

"这可不太好。在学校里读书是件多么美好的事情。现在的学习条件这么好，你就更该将时间用在学习上，而不应该让时间平白无故地流走。"

雷锋就像上面说的那样抓住分分秒秒来读书，从不浪费一点儿时间。他有非常广泛的兴趣，政治、文学、技能、写

牢记：牢牢地记住。

不由自主：由不得自己；控制不了自己。

通过对雷锋的语言进行描写，可以看出雷锋不浪费一分一秒，是一个十分热爱学习、珍惜时间的人。

作等都有涉猎。他将相关的书籍看了很多遍，再看仍是津津有味，他希望书能给他更多有用的东西。然而，他的工作非常繁忙，他日日都要开着车去这儿去那儿，无法有一个固定的学习时间，但是这并没有阻挡他学习的脚步。不管什么时候，他挎包里都会有一本书，这样他闲下来的时候就可以看书。晚上回到驻地，他不仅要参加连里的一些日常活动，还要留出一点儿时间看书，有的时候已经熄灯了，他还在昏暗的手电筒下读书，舍不得将书收起来。为了不影响战友的休息，他就去别的地方读书。所以，人们经常会在车场、厨房、工具棚和司务长宿舍等地方看到他。

已经是休息的时间了，但是雷锋依然抽出学习的时间，从细节方面反映了雷锋的学习态度。

一天夜里，屋外一片寂静。从外面开会回来的指导员看到雷锋还在连部读书，就对他说："小雷啊！读书固然很好，但也不能一直读啊！该去睡觉了，你明天还要早起工作呢！"

雷锋看到指导员，想到指导员已经忙碌了一天，肯定非常疲惫，该睡觉了，就说："是，您也早些睡觉。"说完，他就拿着挎包离开了。

之后，指导员就在连部的里屋睡着了，半夜他醒来，睡眼蒙眬中看到办公室的灯亮着，原来是雷锋又回来看书了。指导员将衣服披在身上，静静地走到雷锋身后，看到他在书上写道：外因是条件，内因做决定，要想求进步，主观多努力。

指导员看到后，满意地点着头。而这时，雷锋转头看到站在自己身后的指导员，忙起身说道："对不起，指导员，

<u>妨碍</u>您休息了。"

"没事。"指导员示意他接着看，然后自己将一旁的《毛泽东选集》第三卷拿起来。他看到雷锋差不多在书上的每一页都标出了学习重点，还在空白处写了很多学习心得，这些句子，饱含着他对毛主席等老一辈无产阶级革命家的崇敬。指导员不禁想道：雷锋看书多么专心！应该在整个连队的干部战士中宣传他这种难能可贵的学习精神和方法。

指导员接着看下去，他看到在《整顿党的作风》这篇文章中，雷锋用红笔画出了几句话："对于马克思主义的理论，要能够精通它、应用它，精通的目的全在于应用。"下面雷锋写道："……认真学习马克思主义理论，将理论与实际结合，改造思想，将所有工作做好。"

在《论联合政府》这篇文章后，雷锋写道："无数革命先烈为了人民的利益牺牲了他们的生命，给我们换来了幸福。今天，我们没有理由不好好工作和学习，没有理由不改正缺失和错误，没有理由只顾自己不顾集体，没有理由只顾个人眼前利益，而忘记了整个无产阶级的最大利益。"

指导员又翻到《为人民服务》这篇文章的最后一页，只见雷锋写着："我觉得一个革命者活着，就应该把毕生精力和整个生命为人类解放事业——共产主义全部献出。我活着，只有一个目的，就是做一个对人民有用的人。生为人民生，死为人民死。"

妨碍：使事情不能顺利进行；阻碍。

雷锋看书时并不是看过就过去了，而是认真学习、思考，并将自己的感悟组织好语言写下来，这样的学习方法使他的认识可以更加深入。

雷锋看到指导员一直在翻那本书,想到他明天还有很多工作要做,就说道:"指导员,您快去睡觉吧,已经不早了。"

指导员这才将视线离开书,看了看表说:"确实不早了,你也赶紧睡觉去,明天还要开车呢!"

从这以后,雷锋学习更卖力了,他这种勤奋和努力极大地鼓舞了班里的战友,他们都开始主动学习起来。这时有战士说道:"每天的工作这么繁忙,谁还有精力学习?"雷锋听到这些话,就根据自己切身的学习经验和感悟在日记里写下了这样的话:

感悟:有所感触而领悟。

有些人说工作忙、没有时间学习,我认为问题不在于工作忙不忙,而在于你愿不愿意学习,会不会挤时间。要学习的时间是有的,问题是我们善于不善于挤,愿不愿意钻。

一块好好的木板,上面一个眼也没有,但钉子为什么能钉进去呢?这就是靠压力硬挤进去的。由此看来,钉子有两个长处:一个是挤劲,一个是钻劲。我们在学习上,也要提倡这种"钉子"精神,善于挤和善于钻。

战友们都非常赞同雷锋口中的"钉子"精神。就是这"钉子"精神,让所有的领导和战士一边从事繁重的工作,一边坚持学习毛泽东思想和马克思列宁主义,树立了一心一意为人民的人生观。

阅读赏析

回到新兵连之后，雷锋接受了驾驶汽车的专业训练，虽然比其他新兵的课程落后了一个多月，但是在努力之下，雷锋很快就赶了上来。雷锋的学习并不仅限于驾驶汽车，文学、政治、写作，这些都是他学习的内容，通过他分秒必争的学习，他的"钉子"精神得到了所有人的赞扬。

写作·借鉴

反 问

反问也叫激问、反诘、诘问，是用疑问的形式来表达确定的意思，以增强语气的一种修辞手法。反问只问不答，答案暗含在反问句中。反问可以加强语气，发人深省，激发读者感情，加深读者印象，增强气势和说服力，为文章奠定一种激昂的感情基调。本章中，"他真想立刻去开汽车，怎么会愿意迟几天上工地？"是一个反问句，表现了雷锋急迫的心情。

好词·好句

后发先至　心无旁骛　全神贯注　难能可贵　一心一意

★在安方向盘时，雷锋耐心地将方向盘擦亮，然后涂上黑漆，看着就像新的似的。

★正如大家所知，雷锋干一行就爱一行，他研究技术专心致志，学习时心无旁骛。

★平时不愿下苦功，不肯做艰苦细致的工作，要想车况好，那就像坐着不动，想让苹果掉到嘴里来一样，是根本不可能的事。

★外因是条件，内因做决定，要想求进步，主观多努力。

★我觉得一个革命者活着，就应该把毕生精力和整个生命为人类解放事业——共产主义全部献出。

★有些人说工作忙、没有时间学习，我认为问题不在于工作忙不忙，而在于你愿不愿意学习，会不会挤时间。要学习的时间是有的，问题是我们善于不善于挤，愿不愿意钻。

阅读·思考

1. 到新兵连之后，雷锋面临的问题是什么？
2. 雷锋对《为人民服务》这篇文章有怎样的看法？
3. 雷锋口中的"钉子"精神是什么？

拓展链接

推土机

推土机是一种集挖掘、运输和排弃岩土等功能为一体的土方工程机械。它可以用来建设排土场，平整汽车排土场，堆集分散的矿岩，平整工作平盘和建筑场地等，在露天矿有广泛的用途。它不仅可以用来进行辅助工作，也可用于从事主要的开采工作。例如：砂矿床的剥离和采矿，铲运机和犁岩机的牵引和助推等。

为社会主义"添砖加瓦"

战士们难得有了半天的假期,于是纷纷出去了,只有雷锋还在宿舍看书。这时候,雷锋突然感到肚子很疼,他急忙跑到卫生连,他得了什么病?后来病情痊愈了吗?阅读下面的故事,一起去寻找答案吧。

礼拜天,连里给战士们放了半天假,大多数战士都出去了。四班只有雷锋自己在宿舍的床边看书。看着看着,他忽然感到肚子疼,一会儿就疼得打起滚来。他用手捂住肚子,趴在床边,想挺过去,但一想到晚上还要出车,他就忍着剧痛爬起来往卫生连跑去。

值班医生询问了他的情况,又压了压他的肚子,给他开了点儿药,说:"不严重,你回去把热水袋放到肚子上,好好休息一下就行了,但不要再劳累!"

雷锋返回连队要从一个建筑工地经过。他放眼看去,工

从医生的话中我们可以知道雷锋平时的生活,由此可以看出他一心只为工作,丝毫不顾及自己的身体。

雷锋故事

地上有许多人正在劳动，雷锋一下就被这样的场面吸引住了，他看到那里写着几个引人注目的大红字——抚顺市第二建筑公司本溪路小学建筑工地。

他不禁赞叹道："太了不起了，这里原来只是片煤渣地，没过多久就要建起一座学校了。"工人们正在那边热火朝天地工作，每个人都大汗淋漓，干劲正足。砌砖的工人和运砖的工人正在进行一场激烈的劳动比赛，有位姑娘通过扩音器将工地上的气氛调动得热火朝天。

他刚想离开，就听到那位姑娘喊道："……砌砖一方现在的成绩是每小时砌砖一千两百块，已经超过了他们以前的最好成绩，运砖的一方要加把劲儿啊！"雷锋兴致勃勃地扭过头，看到运砖的工人两人一组，一人拉一人推，干得很卖力，但还是供不上砌砖人的需求。

看到这如火如荼的场面，雷锋再也闲不住了，他将自己肚子的疼痛抛到脑后，撸起袖子，来到推砖场，推起小车就开始运砖。他独自推一辆放满砖的车，上坡时有些吃力，有些工人就赶来帮忙，有人问他："同志，你是谁派来的？"雷锋开玩笑说："是你们啊！""是我们？""没错，为了社会主义，你们干得如火如荼，为什么我不能来啊？"

雷锋感到为社会主义的伟大建设运一块砖是非常好的事，他干得越来越卖力，将小车推得非常快，一连推了超过十车砖，

"热火朝天"给人一种身临其境的感觉，作为读者似乎都能感受到当时热火朝天的场景。

通过上面的动作描写，再加上雷锋的语言，真切地反映出雷锋热爱劳动并积极参加劳动的激情。

干得汗流浃背。

那些工人都很奇怪："这是从哪里来的战士，干活儿那么卖命！"

有人说："解放军真了不起，做什么都能做得最好！"

有人给雷锋端了碗水来，说："同志，先喝点儿水，歇歇吧！"

雷锋说："我还不累，谢谢你。"说着接过碗，仰头喝完，擦了擦嘴，又开始推砖。

雷锋干活儿的效率越来越高，在雷锋往车上装满了砖，正要推车的时候，播音的姑娘甩着辫子跑到雷锋面前，说：

"同志，你怎么称呼？属于哪个部队？"

"为什么问这些？"

"你让我们深受鼓舞，大家都想写稿子表扬你。"

在雷锋看来，帮着这些工人做些事情并没有什么大不了的，这是他乐于助人精神的体现。

雷锋说："今天我无事可做，在这里帮你们干活儿也没什么，没什么值得表扬的。"说完就推着车走了。

那位姑娘非常感动，她看着雷锋远去的背影说道："还不告诉我，我一定要知道你的名字！"

很快，那位姑娘就用清脆的声音广播道："有位解放军战士，主动帮我们劳动，我们都要向他学习……"

工人们工作得更起劲儿了，大家谁也不让谁，干得热火朝天。上午，他们的工作量远远超过了预定任务。上午的工作结束了，雷锋拿上自己的衣服想返回连队，那些工人却突然将他围住了。有人与他握手，有人向他道谢。有个穿着白衬衫的人拉着他的手说："解放军同志，你帮我们劳动，极大地鼓舞了我们的积极性！"

雷锋有些难为情地说："这没什么，我只是和你们一样，履行了我的义务。"

那位广播员说："但是忙了半天，我们还是不知道你究竟叫什么。"

"我要回连队了……"雷锋说着就要离开。

广播员假装板着脸说："同志，我们表扬你的行为，不仅是表扬你自己，还会对我们以后的工作起很大的推动作用！"

雷锋不得不把自己的名字告诉了她。那位广播员听到后就甩着辫子离开了。很快她的声音就传遍了工地的每个角落：

"感谢解放军战士，我们都要向雷锋学习……"

工人们听到后都不由得笑了，他们一边鼓掌，一边看着雷锋越走越远。

雷锋回到连队，没有向任何人说起自己干活儿的事，他们都以为他上午一直在卫生连。

几天后，指导员和连长一起在连部商量工作，外面突然响起一阵敲锣打鼓的声音。他们向外一看，原来是一群建筑

做了那么多事情，但是雷锋并不认为这有什么，表现出他不求名利、无私奉献的精神。

商量：交换意见。

工人正在锣鼓声中向连部走来，有两个举着大红纸的人走在最前面，纸上写着三个大字——感谢信。

这些人就是那个工地上的工人，他们看到指导员和连长，就握住他们的手，说道："谢谢你们，谢谢你们部队这所学校教育出来的优秀战士——雷锋！"

指导员和连长面面相觑。

有位老工人对他们说了事情的经过，两位领导听了，立刻眉开眼笑，但是又很"生气"。在工人们离开后，他们就开始"批评"雷锋："你不好好看医生，还去搞什么劳动！身体累坏了怎么办？现在肚子还痛吗？"

雷锋淘气地说道："指导员，我研发出了一个特效偏方——推砖可以治肚子痛。"

后来每当人们说起这件事时，雷锋都非常谦逊地说："我只是想多给社会主义添块砖加块瓦而已。"

谦逊：谦虚恭谨。

阅读赏析

在难得的一个假期里,很多人都出去了,雷锋却依然坚持学习。明明病痛缠身,医生已经叮嘱需要好好休息,但是看到工人们热火朝天地劳动,雷锋仍然忍不住上前积极地帮忙推砖,热情地为社会主义添砖加瓦,完全忽视了自身的病痛。

写作·借鉴

首尾照应

首尾照应又叫首尾呼应。这是一种写作手法,一般出现在文章的开头与结尾。也就是说,在文章开头提到的内容,结尾时呼应一次。首尾呼应可以使结构更加紧密、严谨,内容更加完整,强调主题,加深印象,将全文精密地结合在一起。本章中,开头提到了雷锋肚子痛,这也是本章故事的起因,结尾再次提到了这次的肚子痛,使首尾呼应,结构更加严密。

好词·好句

引人注目　履行　面面相觑

★工人们正在那边热火朝天地工作，每个人都大汗淋漓，干劲正足。

★看到这如火如荼的场面，雷锋再也闲不住了，他将自己肚子的疼痛抛到脑后，撸起袖子，来到推砖场，推起小车就开始运砖。

★工人们听到后都不由得笑了，他们一边鼓掌，一边看着雷锋越走越远。

★我只是想多给社会主义添块砖加块瓦而已。

阅读·思考

1. 雷锋是在怎样的情况下加入到推砖队伍中的？
2. 面对工人们的感谢，雷锋的表现如何？
3. 雷锋为什么不愿意将自己的名字告诉工人们？

拓展链接

工　人

工人古称"匠人"。今称个人不占有生产资料、依靠工资收入为生的劳动者（多指体力劳动者），通常是指为获得工资而被雇用从事体力或技术劳动的人，他们本身不占有生产资料，只能通过自己的劳动才可以获得工资性质的收入。

  17世纪末期的英国就已经出现了工人。随着工业国家的产生，当时的英国出现了以工业生产为主的资本家，他们大量雇用劳动力，这些在工厂中劳动的人就被称为工人。

❀ 抗洪抢险不畏惧 ❀

  1960年8月,抚顺地区暴雨来袭,而且持续了很长时间,这导致该地区发生了特大洪水灾害,到处都是一片汪洋,人民的财产和生命遭到了重大损失。面对这样的情况,部队只好停止工作,准备救灾。雷锋起初有没有在救灾人员的名单上?雷锋对救灾做了哪些努力?我们一起去看看吧。

> 这里仅用了一句话便渲染出了紧张的氛围,阐明了暴雨的状态,可见作者对文字的驾驭能力。

  1960年8月,抚顺地区像是触怒了天神一般,连续下了几天的大暴雨,雷声轰隆,震得大地不断地颤抖。这场暴雨使该地区发生了特大洪水灾害,田地、公路、洼地房屋等全部变成了一片汪洋大海,给当地人民的生命和财产带来了巨大损失。

  在这个危急关头,部队只好暂停夜以继日修建的建筑工程,运输连的几十辆汽车早已做好了待命的准备。

  8月3日,部队收到了前往灾区抗洪抢险的命令。弓长岭矿山焦化厂的一个年轻人在两天前给雷锋写了一封信,这个年轻人告诉雷锋太子河受灾严重，洪水冲毁了辽阳地区人民的家园，他们的生命危在旦夕，正在奋力自救。

这场灾难使雷锋心急如焚，他日日夜夜都在为灾区的老百姓担忧，这种担忧令他寝食难安。他拼尽全力做着他能做的一切事情，一心想着救灾区的百姓。在这种疲惫与忧愁下，雷锋憔悴了不少，再加上肠炎的折磨，使得他本来就虚弱的身体变得更加虚弱了。而此时，运输连收到了去抚顺郊外上寺水库救灾的命令。连长在给部队分派任务时，害怕雷锋的身体吃不消，决定让他留在部队好好休息。

"连长！灾区的情况十分紧急，你不能把我留在这里！"雷锋的脸上充满了焦急。

"你病得那么厉害，绝对不可以去。"连长说。

"我哪里病了？我不是很好吗？"

"别再这么固执了！生病了就要好好休息。"

"我现在非常好，我要同部队一块儿去抗洪抢险。"

"你手上的伤还没有好，怎么去抗洪抢险？"连长边说边把手指向他受伤的手。

"这只是一点儿小伤而已，不碍事的！"雷锋一把撕开了缠在手上的绷带，把手伸出来说道："瞧，好得差不多了。"

雷锋是因为不久前去加工厂救火而受的伤。

那天下午，雷锋跟几个战友正在打乒乓球，忽然看到天空变成了红色，还伴随着滚滚的浓烟和亮光，他们觉得非常

憔悴：形容人瘦弱，面色不好看。

因为担心祖国人民的生命财产，所以雷锋想要去救灾，连长因为担心雷锋的身体，竭力劝阻，体现了雷锋忧国忧民的情怀，同时也体现了连长对他的关爱。

这句话在这里起到了承上启下的作用，引出下文，解释了雷锋受伤的原因。

奇怪。经过认真观察之后，他们最终弄清楚这股浓烟来自营区外的一栋木板房子。

"大事不妙，街道的加工厂着火了！"一个战士大声喊道。

他们立刻扔下了手中的乒乓球拍，向着火的方向冲去。雷锋赶到着火地点问明情况后，立马拿着水盆帮着大家一起救火。

木板房子的火势凶猛，并且火越烧越大。雷锋看到这个情况后，扔掉了手中的水盆，拿起一把大笤帚，勇敢地爬上了屋顶，双手举着笤帚不停地在浓烟弥漫的空中挥动，与来势汹汹的大火做斗争。

这里用了"扔""拿""爬""举""挥动"等一系列动词，展现了雷锋与大火对抗的状态，使人物更加生动。

他的脸黑得像个煤球，衣服也让大火烧得破烂不堪，鞋子发出阵阵烧焦的味道，手也被烧伤了。过了很长时间他才感觉到疼痛。直到消防车赶到现场他才从屋顶跳下来，继续协助消防员灭火。

大火事件刚刚过去，就发生了洪水灾害，真是水火无情啊！

在雷锋的再三请求下，连长终于允许他同部队一块儿去抗洪救灾了。他们直接去了上寺水库。他们到达那里时，一支庞大的军队正在如火如荼地抢救水库，他们与洪水展开了不屈不挠的斗争，这是一场生死攸关的决斗，也是中国人民英勇顽强的体现。那天夜里，巨雷响彻大地，滂沱大雨哗哗地下着。水库的水位不停地上升，大坝面临被淹没的危险。

滂沱：形容雨下得很大。

市委防汛指挥部立即下令连夜开挖溢洪道,一定要保住煤都,就算牺牲一些庄稼也在所不惜!运输连将这个艰巨的任务接了下来,他们夜以继日地开挖溢洪道,不怕苦、不怕累地在前线奋战。

这些勇敢的战士们在风雨中忙碌着,他们健壮的身体如同钢铁一般刚强、不畏辛劳。抢险救灾的紧迫感使他们将疲惫与饥饿抛到了九霄云外。队伍中的雷锋更是将自己全部的精力都投入到了工作中,此时的他全然不顾自己的伤口和病痛,与战友们并肩作战,在泥水过膝的溢洪道里卖力地舞动着手中的铁锹,风雨依然在疯狂地拍打着大地、拍打着这些勇敢无畏的战士。分不清是汗水还是雨水的液体从战士们的脸上直往下淌,他们的身上全是污泥,早已湿透的衣服紧紧地裹着他们的身体。

风雨仍然在肆虐,人民的生命财产正遭受着严重的威胁,战士们已经顾不得身上的到底是雨水还是汗水,体现出他们奋不顾身的一面。

雷锋正竭尽全力地挖着泥,身后忽然响起一阵剧烈的响声,坝上的黏土顿时哗啦啦全部倾泻下来,重重地砸在了雷锋的身上,他顿时一个趔趄,差点儿栽倒下去,手中的铁锹掉在了泥水里。他俯下身去找铁锹,但是四周黑漆漆的,找了大半天都没找到。丢了铁锹他就用自己的手挖泥,他边挖边往上甩,没想到高地上的泥又掉下来砸在他的身上,此时的他全身上下都是泥水。他挖了一段时间后感觉到自己的手指开始疼痛,伸手一看,他手上烧伤的地方已经破皮了,血水和泥水混合在一起不停地流淌着。他旁边的一个战友发现

雷锋这样的行为,导致了自己伤口又重新裂开,更加反映出雷锋为了救灾奋不顾身的精神。

无障碍名著大阅读系列

了他的伤势,让他赶紧去找卫生员,但是他无论如何也不去。

情况十分紧急,一点儿也耽误不得,开掘溢洪道刻不容缓,这点儿小伤不算什么!"我是一个兵,来自老百姓……"雷锋一边挖着泥一边欢快地唱着。战友们听到了,也跟着唱了起来。他们的歌声在雨中回荡,他们干活儿越来越有劲,情绪越来越高昂。

连长看到雷锋用自己的手挖泥,本想把自己的铁锹递给他,但又觉得他的伤势那么严重,不应该继续工作了。

于是,连长大声喊道:"雷锋!"

"到!"雷锋立刻跑到连长面前。

"你立刻去广播站,宣传一下我们连的光荣事迹。"

"是!"雷锋一个箭步跳上大坝,直奔广播站的席棚子。

在去的途中,他看到了一个浑身湿透的战友,这位战友冷得直打哆嗦,于是,他便毫不犹豫地将自己的雨衣脱下来披在那个战友身上,当那个战友回头时,雷锋早已消失在雨里!没过多久,雷锋在广播里喊道:"战友们,听我说,我们的同胞们在抗洪第一线……"雷锋的声音在狂风暴雨中铿锵有力,响彻在上寺水库的上空,激励着在风雨中抗洪救灾的铁骨男儿。

雷锋从广播站出来时,身上只穿了一件单薄的军衣,大雨倾盆,风雨中的他,微微地打着冷战,他的双手紧紧地抱着胳膊。他飞奔到工具棚,带着一把新的铁锹奔回溢洪道,

名师点睛

看到雷锋的手已经伤痕累累,连长并没有直接命令他去休息,而是另外安排一份工作,体现出连长对雷锋的了解与体贴。

继续热火朝天地挖着泥。到了换班的时候，雷锋才跟跟跄跄地走上大坝，他的眼前变得越来越模糊，顿时天旋地转，他已经累得筋疲力尽了。战友们看到他左摇右晃，赶紧上前将他扶住。连长让卫生员把雷锋带到老乡家里好好静养，不让他继续工作了。

卫生员把雷锋带到了一户人家，那户人家只有一个老人在家，他的家人都去前线救灾去了。老人非常热情地招呼雷锋，让他在床上躺下。卫生员帮他处理完伤口后，让他服下了药。雷锋睡了一上午，身上出了很多汗，他觉得自己的精神恢复了不少。外面传来一阵混杂着雨声的换班哨声，雷锋听到声音后立马从床上坐起来，把被子一掀，准备下床穿鞋。卫生员看到他的举动后，立即上前拦住他，无论如何也不让他出去。

"你身上有伤，还生着病，你不能出去，我得看着你，照顾你是我的职责，也是我的任务。"卫生员斩钉截铁地说。

无奈之下，雷锋只好躺回床上，他两眼朝窗外望去，思绪万千，内心充满了自责与愧疚：战友们都在前线奋战，而自己却只能在这里躺着，帮不上一点儿忙。雨水在窗户上打得噼啪乱响，似乎在向他宣战，经过一番思想斗争后，他在床上待不下去了，趁卫生员不在的时候，他下床抓起雨衣便向溢洪道冲去……

天旋地转：①形容眩晕时的感觉。②形容重大的变化。③形容闹得很凶。

自责：自己责备自己。

阅读赏析

1960年8月,洪水袭击了抚顺地区,造成了当地极大的损失。面对这样的情况,雷锋不顾自身有伤,坚持前往灾区救灾。在此过程中,雷锋身上所展现的那种奋不顾身的革命精神,赢得了所有人的称赞。

过渡句

过渡句是承接或总结上面的内容,并提示或领起下面的内容的句子。过渡句是一种常见的句式,通常出现在两个内容的衔接之处,起到承上启下的作用。本章中,"雷锋是因为不久前去加工厂救火而受的伤"一句就是过渡句,它是由顺叙改为插叙的转折点,起到承上启下的作用。

好词·好句

触怒　危在旦夕　九霄云外　并肩作战　大雨倾盆

★1960年8月,抚顺地区像是触怒了天神一般,连续下了几天的大暴雨,雷声轰隆,震得大地不断地颤抖。

★这些勇敢的战士们在风雨中忙碌着,他们健壮的身体如同钢铁一般刚强、不畏辛劳。

★队伍中的雷锋更是将自己全部的精力都投入到了工作中,此时的他全然不顾自己的伤口和病痛,与战友们并肩作战,在泥水过膝的溢洪道里卖力地舞动着手中的铁锹,风雨依然在疯狂地拍打着大地、拍打着这些勇敢无畏的战士。

★分不清是汗水还是雨水的液体从战士们的脸上直往下淌,他们的身上全是污泥,早已湿透的衣服紧紧地裹着他们的身体。

★雷锋从广播站出来时,身上只穿了一件单薄的军衣,大雨倾盆,风雨中的他,微微地打着冷战,他的双手紧紧地抱着胳膊。

阅读·思考

1. 雷锋的手是怎么受的伤?
2. 连长为什么阻止雷锋前去救灾?
3. 雷锋在救灾过程中的表现如何?

无障碍名著大阅读系列

拓展链接

水 库

水库是拦洪蓄水和调节水流的水利工程建筑物，它是指在山沟或河流的狭口处修建拦河坝形成的人工湖泊。水库建成后，可起防洪、蓄水、发电、养鱼等作用。有时，天然湖泊也会被称为水库（天然水库）。人们通常将水库按照库容大小划分为小型、中型、大型等不同等级。

可敬的"傻子"

1960年8月、9月，地方寄来了两封表扬信给雷锋所在的团政治处的领导，表扬的对象是雷锋。那么，这是怎么回事呢？雷锋做了什么事情才会获得表扬信呢？仔细阅读下面的故事，你会找到答案。

1960年8月到9月间，地方给团政治处领导寄来两封表扬信，两封信都是对雷锋的表扬。

一封是从抚顺市望花区和平人民公社寄来的，这封信是对捐给他们一百块钱的雷锋表示感谢。信上说：

……雷锋同志对人民公社的热心和帮助使我们非常感动，也给我们全体干部、社员带来了积极向上的动力，使我们增添了战胜困难的勇气和信心。当我们憧憬农村未来的美好图景时，我们的脑海中就会浮现出人民解放军全心全意为人民服务的样子，我们也深深地相信，在中国有很多像雷锋同志

> 故事的一开始就是两封对雷锋的表扬信，不仅点明了故事的主题，同时也增加了故事的可读性。

这样的好战士……

另外一封是从中共辽阳市委寄来的。这封信也是对为灾区人民捐赠一百块钱的雷锋表示感激。信中写道，党中央心系灾区人民，已经给灾区运送了大量的救灾物资。灾区人民相信自己能够战胜眼前的困难，迎接更美好的明天。希望雷锋能够一如既往地保持自己艰苦奋斗的精神，为中国的社会主义建设做出更大的贡献。信中还装了一百块钱。

政治处的同志收到这两封信后受到了极大的震撼，他们马上把这一情况向团党委做了详细的报告。全体人员一致表示，在对连队开展社会主义教育时，部队中会出现像雷锋同志这样无私地向灾区献出自己爱心的好同志，绝非偶然，这一事例深刻地体现了我们的军队与人民鱼水情深的深厚情谊，也是雷锋同志用自己的行动激励战友们要无私无畏地将自己的全部精力投入到全心全意为人民服务中去。

为了更好地了解雷锋事迹，政治处命令一位同志去运输连调查。

经过详细的调查后，这位同志了解到：

前几日，抚顺市望花区组建了一个新的人民公社。正好被上街的雷锋碰到，雷锋的心里充满了喜悦。他思考着应该为这个新的人民公社做点儿什么呢？他不停地思考着，突然想到可以给他们捐款，于是他便从人群中走了出来，直奔储蓄所。

他每个月都会去储蓄所存钱，那里的同志对他十分熟悉，

捐赠：捐献赠送（物品给国家或集体）。
震撼：震动；摇撼。

"直奔"说明了雷锋行动的迅速，间接反映出雷锋想要为灾区做贡献的信念。

一看到他来就十分热情地说：

"雷锋同志又来存钱啦！"

雷锋微微一笑说道："这次我是来取钱的。"

"取钱？你想取多少？"

"你帮我看看我存了多少钱！"

储蓄员帮他看了看，说道："一共是二百零三元。"

"那就取二百吧。"雷锋毫不犹豫地说。

储蓄员听说他要全部取出来，感到非常疑惑：一个战士要那么多钱干什么？于是轻轻问道："一定是家里急需要用钱吧？""家里……是，要赶紧把钱寄回去。"

雷锋取出攒了很长时间的钱，又急匆匆地跑到新公社的党委办公室，把他的想法说了出来，然后将自己的钱拿了出来。

"同志，这怎么可以……"党委办公室的同志非常感动地说，"你对人民的一片热情让我们非常感动，但这个钱我们不能要，你把这个钱用来支援国家吧！或者是给你的家人！"

"家……"雷锋的心受到了深深的触动！

他热切地说道："这里就是我的家，我把钱给这里的亲人用不就是给家里用吗？如果我的父母还在世的话，我想他们肯定会接受自己儿子给他们钱的……"

接着，他讲起了自己在旧社会所经历的苦难。讲完后他说道："虽然我出生在一个很苦的时代，但是我成长得非常幸福，这是党和人民给予我的，所以，我要回报党和人民！

"家里"表现出雷锋心中最真实的想法，他将自己的祖国当成家，各地人民都是他的亲人。

这里通过语言描写，反映了雷锋对党和人民的感激之情，同时也反映出雷锋对党的忠诚，在他的心中，党和人民就是他的亲人。

你们就把这钱收下吧，让我为党和人民做一些事情！"

所有的人都被深深地感动了，党委办公室的同志不知道该如何拒绝这份深情，他们只好勉强收下一半。虽然一百块钱不是很多，但这一百块钱对于人民群众来说，却是一笔宝贵的财富。

这件事过后不久，就在运输连准备去上寺水库救灾时，雷锋得知辽阳地区遇到了特大洪水灾害，太子河两岸的人民正在不屈不挠地抗洪救灾……

雷锋与辽阳地区是根叶相连的。那里是他参军的地方，那里有他挥之不去的记忆，他也在那里得到了很好的成长。他不由自主地想起了那里的同伴，那里的焦化厂，还有和他感情深厚的牧羊老人……雷锋的战友中，有很多都是辽阳人，他害怕他的这些辽阳战友们因为家乡的水灾而垂头丧气，便找他们聊天谈心，给他们做思想工作，让他们相信党和人民，相信在社会主义制度下，辽阳的人民一定能够渡过难关。

当雷锋从报纸上得知党中央给灾区人民运送了大量的救灾物资时，他想：党和毛主席对灾区人民这般关爱，我作为辽阳的子弟兵，我能帮他们做点儿什么呢？然后他便把余下的一百块钱和一封慰问信悄悄地寄给了辽阳市委。

这时候的雷锋丝毫没有想过自己，他将自己的钱捐给祖国和人民，充分反映出他的伟大品质和高尚情操。

部队领导在得知这一情况后，被雷锋的这一行为深深地感动了，于是他们发出了向雷锋同志学习的号召。但是也有人暗地里说他是"傻子"。他对这一说法予以否定，他在日记中写道：

有些人说我是"傻子"，这是不对的。我要做一个有利于人民、有利于国家的人。如果说这是"傻子"，那我是心甘情愿做这样的"傻子"的。革命需要这样的"傻子"，建设也需要这样的"傻子"。我就是长着一个心眼，我一心向着党，向着社会主义，向着共产主义。

运输连的战友们对雷锋艰苦朴素的精神都十分佩服，他自始至终都是一副劳动人民的样子，永远以艰苦为荣，奢侈为耻，勤俭节约，自强不息。他对一针一线都十分节约，一滴油，一粒米，一分钱，一度电，所有能节约下来的东西他都会节约下来，然后把节省下来的东西拿去支援国家建设。

对自己吝啬，对国家慷慨，这是雷锋最真挚的爱国之心的体现。

他是这样监督自己的："在工作上，要跟最积极的同志学习；在生活上，要跟最俭朴的同志学习。"

雷锋在生活上非常勤俭节约。他当兵以来，把每个月的津贴都存进储蓄所，只留下一小部分钱用于交团费、买肥皂，以及买书。他的袜子全是补丁，都不知道穿了多少年了，那双袜子早已分辨不出形状了！但他依然不愿意扔掉。他的搪瓷脸盆和漱口缸儿年代更加久远，上面的瓷全都脱落了，他也不愿意换个新的。他从家乡带来的一件衣服不知道补了多少回，已经破烂不堪了，但他依然接着穿。连队每次吃完饭后，他将桌上和地下的饭粒收集起来，拿到营房后面的猪槽子里。

在那样一个物资匮乏的年代，有多少人像雷锋这样做呢？这表现出雷锋珍惜粮食的崇高的精神。

有一阵子，他在帮工地运送水泥时，总会掉些水泥在车上，

滴水成河，积少成多，也许平时看起来只是一星半点儿，但日积月累下来的数量也非常可观。

于是，他找了一把扫帚、一个簸箕，每次运送回来后他都会把掉在车里的水泥扫起来。他的战友们看到后，也效仿他把掉在车里的水泥收集起来，不浪费一点儿水泥，最后，他们收集到的水泥竟有两吨重。

有一天，他用一些旧木板制作了一个节约箱，把他平常收集到的破铜烂铁、边角料、螺丝钉、牙膏皮、破手套等废品全部都装在节约箱里，等到需要修理车子或工具时，就能派上用场，这样能够节约很大一笔开支。因为有一件事在他的脑海里挥之不去，他在望城县委当公务员时，一脚踢掉了一颗螺丝钉，但后来却被县委张书记捡了起来。

在鞍钢时，自己的一身旧衣服，他居然觉得它越来越不好看了，后来他买了一件皮夹克……曾经的观念和现在的观念全然不同了，他对美有了一种新的理解：

什么是时代的美？战士那褪了色的、补了补丁的黄军装是最美的；工人那一身油渍斑斑的蓝上装是最美的；农民那一双粗壮的、满是厚茧的手是最美的；劳动人民那被烈日晒得黝黑的脸是最美的；粗犷雄壮的劳动号子是最美的声音；为社会主义建设孜孜不倦地工作的人的灵魂是最美的。这一切构成了我们时代的美。如果谁认为这并不美，那他就不懂得我们的时代。

发夏装的时候，部队给每个人分配两套单军装、两件衬衣、两双鞋。当雷锋拿到这些东西时，他说：

号子：集体劳动中协同用力时，为统一步调、减轻疲劳等所唱的歌，大都由一人领唱，大家应和。

"给我一套军装、一件衬衣、一双鞋就可以了。"

"这是为什么呢?"司务长满脸困惑地问道。

"有一套够穿了。"雷锋说,"我现在这身有补丁的衣服,也比幼年时穿得好上几百倍呢!把另外一套给国家省下来吧!"

领完夏装后,他参加了沈阳部队工程兵体育运动会。那时正是酷暑,他参加完体操这一项目后,汗水直流,又热又渴。很多同志都在买汽水喝,他也掏钱准备去买汽水,恰巧这时送来了给运动员们准备的开水,他就收起钱准备喝开水。他的一个战友看到他的这个举动后便和他吵了起来:

"我说雷锋,你怎么这么抠啊,连一瓶汽水都不愿意买!"

"喝开水就不能解渴了吗?"

"我真是弄不懂你,你就自己一个人,没有家庭也没有父母,存这么多钱干什么呢?"

"我并不是自己一个人,我们的祖国有六亿多人口呢!为了提高我们的生活水平,改变国家一穷二白的贫困现状,党和毛主席再三要求我们发扬艰苦奋斗的精神,但是我们真的做到了吗?"

"我们的祖国这么大,就算有再多的困难也不缺你那点儿钱。"

"不积小流又如何成江海呢,同志?"雷锋说,"我给你算一笔账,我们每天省一角钱,全国一天就能省下多少钱?

在炎热的夏天,刚刚做完运动的雷锋并没有随波逐流买汽水喝,而是选择了喝开水,反映了他的节俭,推动了故事的发展。

精打细算：(在使用人力物力上)仔细地计算。

现在是人民当家做主的时代，一定要学会精打细算。"

雷锋艰苦奋斗的精神和行为非常感人。运输连的同志都以他为榜样，节约一粒米、一分钱、一滴油、一度电，把我军艰苦奋斗的传统发扬光大。但是也有人对雷锋的行为不理解，说他只会存钱不会花钱，是"抠门"，是"傻子"。当他们知道雷锋将存下来的钱都捐给了灾区和地方建设，才明白过来雷锋为什么要这样做。有的同志禁不住赞叹道：

"雷锋是个值得让人敬佩的'傻子'，他是个对党和人民实心实意的好战士啊！"

雷锋将人民的困难当成自己的困难，他觉得为人民做一些事情是自己的义务，从中可以看出他对人民深深的爱意和他的博大胸怀。

雷锋并不在意别人把自己看成傻子。他非常清楚自己在做什么。他用自己的慷慨和无私回应那些议论，他在日记里写道：

人民的困难，就是我的困难，帮助人民克服困难，贡献自己的一点力量，是我应尽的责任。我是主人，是广大劳苦大众当中的一员，我能帮助人民克服一点困难，是最幸福的。

他的战友说，我国遇到了特大洪水灾害，雷锋将自己全部的钱都捐给了灾区人民，为国家建设做出了巨大贡献，可他从不舍得为自己花一分钱。他经常对战友们说："现在是人民当家做主的时代，我们应该事事处处为国家考虑，每一笔开销都应该精打细算，不可以'今朝有酒今朝醉，明日愁来明日忧'。"

这里雷锋引用了诗句来表达自己的想法，使话语更加简洁明了。

那位去运输连调查的同志在那里待了几天，知道了雷锋的很多感人事迹，经过讨论，政治处向团党委发了一份报告。

团党委决定,将雷锋评为"节约标兵",让同志们都以雷锋为榜样,团结一致共同抗击自然灾害所带来的各种困难,使社会主义革命和建设事业取得更大的胜利。

雷锋平日里的生活极其节俭,舍不得多花一分钱,但得知新成立了人民公社后,他又毫不犹豫地将自己积攒了很久的二百块钱捐献了出去。他在自己身上吝啬、在别人需要时大方的行为换来的却是"傻子"的称号。但他并没有受到别人对自己的言论的影响,而是始终坚持自己的想法,坚持着劳动人民艰苦朴素的本色。

写作·借鉴

排　比

排比是将意义相关或相近,结构相同或相似,语气相同的词组或句子并排(三句以上),以此达到一种加强语势的效果。本章中,排比句"战士那褪了色的、补了补丁的黄军装是最美的;工人那一身油渍斑斑的蓝上装是最美的;农民那一双粗壮的、满是厚茧的手是最美的;劳动人民那被烈日晒得黝黑的脸是最美的;粗犷雄壮的劳动号子是最美的声音;为社会主义建设孜孜不倦地工作的人的灵魂是最美的"增强了语势,表达了强烈的感情。

无障碍名著大阅读系列

好词·好句

憧憬　震撼　无私无畏　挥之不去　自强不息

＊政治处的同志收到这两封信后受到了极大的震撼，他们马上把这一情况向团党委做了详细的报告。

＊那里是他参军的地方，那里有他挥之不去的记忆，他也在那里得到了很好的成长。

＊我就是长着一个心眼，我一心向着党，向着社会主义，向着共产主义。

＊在工作上，要跟最积极的同志学习；在生活上，要跟最俭朴的同志学习。

＊战士那褪了色的、补了补丁的黄军装是最美的；工人那一身油渍斑斑的蓝上装是最美的；农民那一双粗壮的、满是厚茧的手是最美的；劳动人民那被烈日晒得黝黑的脸是最美的；粗犷雄壮的劳动号子是最美的声音；为社会主义建设孜孜不倦地工作的人的灵魂是最美的。

＊运输连的同志都以他为榜样，节约一粒米、一分钱、一滴油、一度电，把我军艰苦奋斗的传统发扬光大。

阅读·思考

1. 表扬雷锋的两封表扬信的内容分别是什么？

2. 人们为什么说雷锋是"傻子"？

3. 当别人说雷锋是"傻子"的时候，他是怎样回应的？

> **拓展链接**

水 泥

　　水泥是一种建筑材料，常用的水泥是灰绿色或棕色粉末，用石灰石、秸土等声音烧制成。水泥加水搅拌后会变成浆体，能在空气中或者水中硬化，并能把砂、石等材料牢固地胶结在一起。长期以来，水泥作为一种重要的胶凝材料，在土木建筑、水利、国防等工程中得到了广泛的应用。

　　水泥可以分为多种类型，按用途及性能可以分为通用水泥、专用水泥、特性水泥，按其主要水硬性物质可以分为硅酸盐水泥、铝酸盐水泥、硫铝酸盐水泥、铁铝酸盐水泥、氟铝酸盐水泥、磷酸盐水泥等。

🌸 红心向党 🌸

　　雷锋想要加入中国共产党的愿望十分强烈,在刚入伍不久他就向党支部提交了入党申请。上级领导研究决定让指导员加强对雷锋的教育与培养。指导员就将一本党章交到了雷锋的手中,拿到这本书之后,雷锋有怎样的反应?答案就在下面的故事之中。

　　雷锋参军不到半年就把自己的入党申请书交到了团支部。上级领导经过讨论后决定:让指导员对雷锋加强教育和培养。

　　有一天,雷锋问指导员:"指导员,想要成为一名真正的共产党员应该做些什么呢?"

　　指导员拿给他一本党章,然后说道:"一个合格的共产党员,必须先学习好党章,牢记党员的权利和义务,你先好好看看党章吧!"

　　雷锋把党章捧在手里,就像拿到了无价之宝一样,他专心地读了很多遍,推敲党章里的一字一句,他决定每时每刻

雷锋对党章的态度表现出了他对党的热爱和对入党的向往。

都用党员的标准来监督自己的一言一行。

雷锋成为"节约标兵"之后，上级领导让全团指战员以雷锋同志为榜样。为了让全团同志更加深入地了解雷锋的事迹，韩政委命令政治处协助雷锋将他在旧社会所经历的艰辛苦难与解放后的成长史编成材料发给各连党支部组织看。

为此，政治处认真听雷锋讲述了他从出生到解放后的所有经历，并且做了详细地记载，并把它编成了将近一万字的《雷锋模范事迹材料》，然后让雷锋自己整理定稿。他认认真真地做了修改，然后又加了一个题目——《解放后我有了家，我的母亲就是党》。

这是雷锋心理的真实写照，由于经历过旧社会，所以雷锋尤其珍惜现在的幸福时光，在他的心中，党就是他的母亲。

韩政委认认真真地把材料看了一遍，他被雷锋的故事深深地打动了：雷锋同志年纪轻轻就经历了这么多艰难困苦，他是一个多么不平凡的人啊！一个在旧社会中遭遇家破人亡的孤儿，新中国成立后，在党的教育和关怀下，在进行社会主义建设的道路上，在完成农业合作化时，他心甘情愿走出学校来到乡下当一个普普通通的农民，最开始他当了一名拖拉机手；后来又去鞍钢当了工人；如今又当了一名解放军战士。如此年轻的雷锋已经在工、农、兵三条战线上做出了巨大的贡献。他取下自己的红领巾，加入共青团，如今又……但是他还未入党呢！韩政委想到此处，又看了一遍雷锋的自述材料——《解放后我有了家，我的母亲就是党》，手中的这份材料不正是雷锋的入党申请书吗？

雷锋将党当作自己的母亲，在这里得到了又一次印证，反映出他对党的一片赤诚之心。

"没有党，就没有我雷锋……

可以说，在我周身每一个细胞里，都渗透了党的血液……

我有向党说不尽的话，感不尽的恩，表不完为党终生奋斗的决心……"

韩政委立刻和运输连通了一次电话，问了问雷锋入党的具体情况。运输连高指导员说，雷锋已经提交了入党申请书，经组织研究得出结论：他出生在贫苦之家，爱憎分明，积极上进，热爱劳动，而且有很高的阶级觉悟，入党动机正确，只是由于参军的时间比较短，还需要进行一段时间的培养，之后就能办理入党手续了。韩政委在电话里说，这件事宜早不宜迟，只要符合入党条件，不必过分强调参军时间长短的问题。

反射：①光线、声波等从一种介质到达另一种介质的界面时返回原介质。②机体通过神经系统，对于刺激所发生的反应，如瞳孔随光刺激的强弱而改变大小，吃东西时分泌唾液。

一天中午，在连队休班的同志都在午休。高指导员想和雷锋聊聊，就去雷锋的宿舍找他，他却不在。高指导员一出宿舍，往车场一看，发现十三号车驾驶室里有一个人，由于车窗上反射着强烈的阳光，因此车里的人模糊不清，高指导员认为那个人肯定是雷锋。走近一瞧，还真是雷锋，他正在那里全神贯注地看书。高指导员轻声叫道："雷锋。"

雷锋这才看到高指导员走到了车窗前。

"指导员，您没睡午觉呀！"

"你怎么没睡呢？"高指导员笑嘻嘻地打开了车门，也坐进了驾驶室，然后拿过雷锋读的书一看——《毛泽东选集》

第二卷。

原来，雷锋正在看《中国共产党在民族战争中的地位》一文。高指导员翻开书一看，书中已经用红铅笔重点勾出了这样的几段话：

"共产党员的先锋作用和模范作用是十分重要的。共产党员在八路军和新四军中，应该成为英勇作战的模范，执行命令的模范，遵守纪律的模范，政治工作的模范和内部团结统一的模范。

"共产党员应是实事求是的模范，又是具有远见卓识的模范。

"共产党员又应成为学习的模范，他们每天都是民众的教师，但又每天都是民众的学生……"

高指导员读到这里，内心受到了很大的触动。他将书递给了雷锋，似乎他面前坐的是一位伟大的党员楷模。他不由自主地握住雷锋的手说："支部对你的入党申请进行了深入的讨论，大家对你有很高的期望，你做得非常好！每一位共产党员都应该这样监督自己。"

"指导员，相信我！"雷锋说，"我肯定会努力学习马列主义、毛泽东思想，根据党员标准严格要求自己，一定不会让党失望的。"

根据党组织的要求，雷锋更是全身心地投入到学习和工作中。在他不断进步的过程中，他如同吸收了母亲的乳汁一样，

"红铅笔""重点"体现出雷锋在学习的过程中注重细节，拥有十分端正的学习态度。

释疑

胸襟：①抱负；气量。②心胸；心怀。③胸部的衣襟。

传承：传授和继承。

"细细""认认真真"不仅表现出雷锋一丝不苟的性格，同时也反映出他内心对这些英雄的崇敬之情。

在党组织的教育中，在毛主席的著作中，不停地汲取其中的思想养分，用党员的标准来监督自己的行为。经过深入的学习和实践，他拥有了开阔的胸襟、高远的理想和坚定的立场。

他在入党申请书中写道："坚决听党的话，一辈子跟着党走。

"我活着只有一个目的，就是为了实现人类最伟大的理想——共产主义而奋斗。"

雷锋有一次去沈阳出差，把工作做完后，他满怀崇敬之情来到了抗美援朝烈士陵园，对烈士墓瞻仰了一番。他在青松翠柏下的革命烈士墓前踱着步，在庄严肃穆的坟墓前为死去的革命烈士默哀，他从黄继光、邱少云、杨连弟、杨根思等英雄墓前一一走过，心情久久不能平静。他用手细细地抚摩了一遍石碑，认认真真地读着碑文，那些震撼人心的英雄事迹激起了他内心汹涌澎湃的激情。他默默地说道：革命的先辈们，你们为祖国的共产主义事业牺牲了自己最宝贵的生命，你们的革命理想和精神，将一直激励着我们勇敢地在社会主义这条道路上走下去。当我遇到困难时，你们的身影就会浮现在我的脑海里，所以，我充满了力量，信心十足，意志坚强；当我独自去外面执行任务时，我就会以你们为榜样，严格要求自己，遵纪守法；在我获得福利时，我也会以你们为榜样，将自己的福利分给其他人，把难以解决的问题留给自己。我一定把你们的精神传承下去，当一个合格的无产阶级先锋战士……

由于雷锋表现优异,支部大会的全体同志同意了雷锋的入党申请。

1960年11月8日,二十岁的雷锋加入了中国共产党。那天下午,他从沈阳出差回来,正好遇到高指导员从营部开完党委会出来,高指导员一见到他就兴奋地说:

"雷锋同志,你的入党申请通过了,从今往后,你就是中国共产党党员了。"

对于雷锋来说,这是一个多么激动人心的消息啊,又是一个多么值得纪念的时刻啊！雷锋激动地拉着高指导员的手,激动地流下了眼泪:

"放心吧,指导员！为了党和人民,我雷锋鞠躬尽瘁,死而后已,我一定会努力做一名合格的共产党员。"那天下午,他怀着喜悦的心情,向党和人民写下了这样的誓言:

1960年11月8日,是我永远不能忘记的日子。今天,我光荣地加入了伟大的中国共产党,实现了自己最崇高的理想。

我激动的心啊！一时一刻都没有平静。伟大的党啊！英明的毛主席！有了您,才有了我的新生命。我在九死一生的火坑中挣扎和盼望光明的时刻,您把我拯救出来,给我吃的、穿的,还送我上学念书。我念完了高小,戴上了红领巾,加入了光荣的共青团,参加了祖国的工业建设,

加入中国共产党是雷锋的心愿和奋斗目标,因此对他最好的奖赏就是党的接纳,他此刻的激动心情是溢于言表的。

伶仃：①孤独；没有依靠。②瘦弱。

又走上了保卫祖国的战斗岗位。在您的不断培养和教育下，我从一个孤苦伶仃的穷孩子，成长为一个有一定知识和觉悟的共产党员。

伟大的党啊，您是我慈祥的母亲！我所有的一切都是属于您的，我要永远听您的话……永远做您忠实的儿子。

今天我入了党，使我变得更加坚强，思想和眼界变得更加开阔和远大。我是一个共产党员，人民的勤务员。为了全人类的自由、解放、幸福，哪怕高山、大海、巨川；为了党和人民的事业，就是入火海，进刀山，我甘心情愿，头断骨粉，身红心赤，永远不变。

雷锋将自己的誓言记在了自己的日记里，刻在了心里，他也如他所说的那样，为祖国、为人民奉献了自己的一切。

阅读赏析

经过不懈的努力，雷锋终于实现了加入了中国共产党的愿望，他感到非常光荣、自豪。在不断努力和进步中，雷锋的思想不断提升，眼界越来越开阔。我们在奋斗的过程中，也应当不断提升自我。

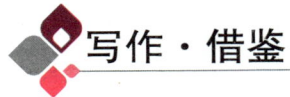 写作·借鉴

开篇点题

开篇点题就是在文章的开头用少量的语言点明题意。开篇点题不仅使文章中心突出，主题鲜明，而且能给读者留下深刻的印象，增强文章的吸引力。本章的开篇便点明了本章的主要内容——雷锋入党，使文章节奏紧凑、更加凝练。

 好词·好句

无价之宝　瞻仰　汹涌澎湃　九死一生

★雷锋把党章捧在手里，就像拿到了无价之宝一样，他专心地读了很多遍，推敲党章里的一字一句，他决定每时每刻都用党员的标准来监督自己的一言一行。

★他将书递给了雷锋，似乎他面前坐的是一位伟大的党员楷模。

★在他不断进步的过程中，他如同吸收了母亲的乳汁一样，在党组织的教育中，在毛主席的著作中，不停地汲取其中的思想养分，用党员的标准来监督自己的行为。

★我活着只有一个目的，就是为了实现人类最伟大的理想—共产主义而奋斗。

★我在九死一生的火坑中挣扎和盼望光明的时刻，您把我拯救出来，给我吃的、穿的，还送我上学念书。

阅读·思考

1. 雷锋拿到党章后是怎样做的？
2. 为了让全团同志了解雷锋的光荣事迹，韩政委做了哪些事情？
3. 得知自己成为中国共产党党员的时候，雷锋有怎样的表现？

拓展链接

党　章

党章即党的章程，它是一个政党为保证全党在政治上、思想上的一致和组织上、行动上的统一所制定的章程，是一个政党为实现党的纲领、开展正规活动、规定党内事务所规定的根本法规，是党赖以建立和活动的法规体系的基础，是最基本的规定和准则。

党章的内容主要包括规定党纲、指导思想、组织机构、组织制度、党员条件和权利义务、党的纪律等。党章的内容不是一成不变的，需要随着形势的发展、任务的变化等进行定期的修改。

戴红领巾的辅导员

  雷锋从得到红领巾的那一刻开始就十分珍视它。之后不管到了哪里，那条红领巾总是陪伴着他，每当看见这条红领巾的时候，总有一些想法闪现在雷锋的脑海中。雷锋为什么这么珍视红领巾？快来看看吧。

  一条红领巾，总是被雷锋视如珍宝般地放在书包中。他离开家乡，到了鞍钢，又从鞍钢来到部队，每次当他的视线触碰到这条红领巾时，脑海中就会浮现出这样的想法："我就像一个学走路的孩子，党像母亲一样扶着我，领着我，教会我走路。我每成长一分，前进一步，这里面都渗透着党的亲切关怀和苦心<u>栽培</u>啊！"

  有几个小学离部队驻地很近，小同学们看到了解放军叔叔，总会敬个礼，问声好。每当雷锋看到这些可爱、天真的孩子们那幸福满满的笑脸，听到他们亲切地喊他"雷锋叔叔"

栽培：①种植，培养。②比喻培养、造就人才。③官场中比喻照顾、提拔。

时，心里就会泛起一阵阵暖流，他常常这样想：在党的面前，自己永远都是个小孩，然而在孩子跟前，我已然是个成人了！

他喜欢孩子们，孩子们也喜欢他，都将他看成学习的榜样和好朋友。1960年10月，由于学校的不断邀请和连队党支部的安排，雷锋先后成为抚顺市建设街小学（即如今的雷锋小学）、本溪路小学少先队组织的校外辅导员。在他看来，祖国的未来、革命的希望都寄托在孩子身上，对他们从小进行无产阶级思想的教育，使他们将来成为共产主义事业的接班人，这是整个社会的责任，他也应该尽一份力。

一位少先队员为他系好一条鲜红的红领巾，他激动地说道："亲爱的小朋友们，六年后的今天再次戴上这鲜红的红领巾，我感到十分幸福、十分亲切。红领巾作为五星红旗的一角，是革命烈士们用他们的鲜血染成的，我们要把它当作革命的起点，在党的指引下不断前进。我们要努力成为无产阶级革命事业的接班人，让红领巾永远保持鲜红的颜色，决不允许资产阶级的灰尘玷污它……"

一天，晴空万里，雷锋系着鲜艳的红领巾，穿着崭新的军装，来到建设街小学。刚迈进校门，一群孩子就把他围住了，孩子们欢呼着：

"热烈欢迎雷锋叔叔！"

雷锋被孩子们簇拥着，他脸上满是灿烂的笑容，一直合不拢嘴。

寄托：①托付。②把理想、希望、感情等放在（某人身上或某种事物上）。

这些语言描写不仅表现出雷锋对祖国未来的重视，同时也反映出雷锋崇高的理想。

雷锋怀着极大的善意和热情对待孩子们，孩子们自然也非常喜欢他。

雷锋故事

孩子们围着他转，大家抢着说："雷锋叔叔给我们讲故事。"

时至中午，他出车才回到队里，得知建设街小学要召开主题为"听党的话，做毛主席的好孩子"的大队会，于是他赶紧吃好午饭，换身衣服，没有休息就跑去学校。

他非常了解孩子们的心，在孩子的心里，共产党、毛主席、解放军是最亲密无间的。他懂得孩子们信任和热爱人民子弟兵，因此特别欢迎他。雷锋还没有离开家乡的时候，对毛主席在少年时十分好学、不怕艰苦的事迹就耳熟能详。在这次大队会上，他又将自己的身世和经历与之结合，讲述了毛主席少年时期的事迹。一千多名少先队员全神贯注地听着他<u>声情并茂</u>的讲述，毛主席少年时期的故事深深地打动了他们的心灵。

雷锋每天工作、学习都非常忙，但他往往会在中午休息或天气恶劣没有办法出车时，告假来到学校，与同学和老师谈心，或者做其他的辅导工作。他常常对孩子们进行启发教育，耐心地教导他们好好学习、天天向上。

建设街小学六年级二班有一个高个子的学生，整天打打闹闹、调皮捣蛋，不把学习放在心上，到现在都没能戴上红领巾。这个班的中队委员们没有一个理他的。

雷锋得知这件事后，就把中队委员找来，说："我们大家都有责任去帮助每一个同学进步。他学习成绩不好，应该让他加入学习小组，从而帮助他追上大家，不应该不理他啊。"

声情并茂：（演唱、朗诵等）声音优美，感情丰富。

"打打闹闹""调皮捣蛋"说明这个孩子十分顽劣，因此中队委员都不理他，为故事的发展奠定了基础。

雷锋并没有放弃这个调皮、不爱学习的学生，而是积极帮助他、经常与他交流。在雷锋眼中，所有的孩子都是好孩子，都能够走上正路。

一个中队委员回答道："我们说他，他都不听，也没有办法呀！"

"没关系，我和你们一起帮助他。"

在这之后，每当雷锋来到学校，都和那个高个子学生谈心，讲故事给他听，还带他去部队玩儿。

有一次，学校想修校园花池，需要去郊区捡拾碎砖，连队批准后，雷锋开着汽车前来帮忙。来到郊区，同学们都一心一意地捡碎砖，但高个子学生却什么也不做，还偷偷溜到驾驶室，东摸摸、西动动，手握着方向盘十分神气，还模仿汽笛，嘴里发出嘀嘀的声音，就像真正驾驶汽车那样，玩得特别投入。忽然，"吱"的一声，车门打开了，高个子不免一惊，看到是雷锋叔叔，心想这下又要挨批评啦！没料到，雷锋不仅没发火，反而微笑着说：

"我想，你喜欢开车，是不是？"

"我……我学不好。"

"只要认真，任何事都能学好。捡完砖回去后，我教你。"

高个子学生听他这样说，开开心心地跳下车，和同学们一起捡起了碎砖。

在教导学生时，雷锋没有一味地批评、干巴巴地讲道理，而是联系到学生感兴趣的事情，抓住机会进行教育，这种因势利导的方法是最适合的。

果然，回去之后，雷锋真的让他坐在驾驶室中，把开车的知识讲给他听，但是他根本听不懂。雷锋意味深长地说：

"你看看，开辆汽车都如此复杂，将来建设我们伟大的社会主义祖国的任务会落在你们的肩上，你们要做许多非常重要的工作，如今你整天贪玩儿，不把学习放在心上，这样行吗？你们应该好好珍惜现在的学习条件，加倍努力才对。"

高个子学生马上就明白了雷锋的用心，懊悔地说道："雷锋叔叔，我一定把你的话放在心上，不再贪玩，加倍努力学习，今后为人民服务。"

没过多久，高个子学生各方面都取得了进步。少先队终于也批准他入队了。第一次戴上红领巾时，他特地跑来运输连，将这个好消息告诉了雷锋叔叔。雷锋又对他进行了一番鼓励。

雷锋成了小学生的知心朋友，他们无话不谈，时间久了，他意识到学生从小就要明确：为什么要读书，长大做什么。自己有责任让他们对这些问题有个明确的认识。

有一回，雷锋和几个马上要小学毕业的孩子谈心，说："你们读完小学、中学、大学后，将来做什么呢？"

孩子们认真想了想，有的说长大后服从国家安排，分配做什么就做什么，也有的回答将来要做个工程师、做个专家、画家、音乐家、作家……

雷锋笑着说："你们想做这个'家'、那个'家'非常好，但也应该想到或许只做个普通的工人、农民……"

他给合自己的亲身经历把工人、农民在建设祖国的过程中的地位和作用讲给孩子们听，他还说每个人能力不同，工作岗位各异，会有不同的发展，应该实事求是，做好各种思想准备。最后，他意味深长地说：

雷锋这样说，主要是想告诉同学们，能成为"家"固然很好，但是做一位农民、工人也是很伟大的。

"你们长大后不论从事什么行业,在我们国家都是劳动大众,都应该做人民的勤务员,绝不能骑在人民头上啊!"

他的这句话,在孩子们心中留下了深深的烙印……

有两个女同学,都就读于本溪路小学。两个人原本是无话不谈的好姐妹,可不知怎么回事突然生分了,见了面也不说话。老师对雷锋说了这件事。雷锋说:"找个时间我跟她们谈一谈。"

生分:(感情)疏远。

争执:争论中固执己见,不肯相让。

正巧,本溪路小学的少先队发起了为学校的园地准备农肥的活动,少了个粪勺,老师特意安排这两个女同学去部队借。她们到了运输连,找到雷锋,借了粪勺,扭头就走,彼此一句话都不说。雷锋见状,将她们叫了回来,看了看她俩后,微笑着说:

"怎么?听说你们最近在冷战,是这样吗?"

两个女同学霎时脸涨得通红,心想:雷锋叔叔是怎么知道这件事的呢?在雷锋叔叔面前,她们不得不说了实话。原来,因为借铅笔和橡皮的事两人产生了争执,冷战一个星期了。

雷锋了解清楚实情后,微笑着说:"两个好姐妹,因为一点儿小事就冷战,多不应该。将来你们还要一起建设国家呢!小的时候就不团结,长大后如何团结一心为祖国、为人民服务呢?"

两个小姐妹听了雷锋的话,都红着脸垂下了头。两个人都后悔不应该因为这点小事就冷战,然而,又都不好意思先

开口。雷锋一看就明白了,拉起两人的手说:

"要想团结友爱,就该马上握手啊!"

天真的两个小孩抬起了头,彼此看了看,都不由得笑了,两只小手终于再一次握在了一块儿……

1961年春节的一大早,每家每户都张灯结彩,四处的锣鼓声、鞭炮声响个不停。人们都**陶醉**在喜庆里,建设街小学的三个小同学也来街头看热闹。他们打算去瞧一瞧秧歌队,便又蹦又跳地向前跑着。刚跑到半路,就远远地看见一个解放军叔叔,他肩上扛着担子、手中拿着铁锹,走上前去一看,原来是雷锋。

"雷锋叔叔,新年好!"三个小同学向他敬了个队礼。

"同学们,新年好!"雷锋亲切地说,"你们是去看秧歌吧?"

同学们点了点头,看见雷锋挑的粪筐中已经有了很多粪肥,便惊讶地说:

"雷锋叔叔,春节这天还拾粪呀!"

"春节是个好日子啊!"雷锋将担子放下,对他们说,"现在咱们国家正面临困难,抽时间拾点儿粪,可以为农业生产做贡献啊!"

小同学们听他这样说,你看看我,我看看你,都不想再去看秧歌了。一个小同学接过雷锋手中的铁锹,还有一个小同学想要挑担子,雷锋没有让他挑,拍了拍他的肩头说:

陶醉:很满意地沉浸在某种境界或思想活动中。

过年本来是家家户户团圆的日子,但是雷锋却在拾粪,这难免会让人诧异,推动了故事的发展。

无障碍名著大阅读系列

"怎么，大家都不去看秧歌啦？"

"不看啦！我们和叔叔一起去拾粪。"

"好啊！"雷锋把担子挑起来，一边走一边说，"你们从小就要养成热爱劳动、热爱集体的好习惯、好品质，将来才可以更好地为人民服务。"

品质：①行为、作风上所表现的思想、认识、品性等的本质。②物品的质量。

克勤克俭：既能勤劳，又能节俭。

在雷锋的带领下，几个人走街串巷，没多久便捡了满满一担粪。正在走访亲友、庆贺新年的人们看到这支拾粪的"队伍"，都感到特别新奇，三个小同学在雷锋的带领下度过了一个特别有意义的春节。

没过多久，建设街小学的人都知道了这件事。孩子们都向雷锋叔叔学习，在课余时间进行积肥活动。春天到了，他们将积的一大车粪肥，送给了郊区的李石寨人民公社。

雷锋用自己的实际行动教导同学们克勤克俭、艰苦奋斗的事情数不胜数。建设街小学五年级三班的教室中，有一个玻璃窗坏了，暂且用木板钉着。要换新玻璃了，几个同学就将木板上的钉子拔下来，把木板卸了，随手将钉子扔在地上。他们看到雷锋开心地说：

"雷锋叔叔，看，要换新玻璃了。"

"换玻璃可真好啊！"雷锋说着，看到地上有几个钉子，便走上前捡了起来，说，"这几个钉子今后还会用得到，怎么就扔了呢？"

有个小同学回答道："不就是几个破弯钉子嘛，留着它有什么用？"

"破弯钉子？你们来看，"雷锋拿起钉锤，将手里的弯钉子一个个地锤直了，让同学们看了看说，"这样一来不就是一个好钉子了？我的节约箱中还真没有几个呢！"之后，雷锋让同学们坐下来，"来，我给大家讲一个螺丝钉的故事吧！"

"螺丝钉的故事？"同学们最喜欢听雷锋叔叔讲故事啦！

"我那时还在望城县委做一名公务员，有一天，我陪县委书记去乡下，路上看到一个螺丝钉，我一脚将它踢开了……"孩子们听了雷锋讲的发生在自己身上的这个故事，一个个忽闪着眼睛，都认为自己就和雷锋叔叔那时候一样做错了事，而这时的雷锋叔叔又那么像他所说的那个县委书记！

大家听了这个故事之后，全都要求去营房看一看雷锋叔叔的"节约箱"。这件事很快就在建设街小学传开了，许多班级都制作了"节约箱"，同学们下决心学习雷锋克勤克俭、艰苦朴素的革命精神。

有一天，一个姓周的小同学到营房里玩儿，他看到雷锋正在床边坐着，专心致志地补一双打满补丁的袜子，便惊讶地问道：

"雷锋叔叔也会补袜子啊？这双袜子都这么破了，还补啊？这还可以穿吗？"

"当然可以穿。"雷锋让他在身边坐下，一边继续补袜子，一边说，"解放前，这样的袜子我们穷人还穿不上呢！党中央号召我们要艰苦奋斗，你们也应该学一学补袜子。"

张书记给雷锋讲述了螺丝钉的故事，雷锋又将这个故事讲述给了孩子们，此时的雷锋已经成长为一个优秀的战士了，中华民族的美德也就是这样一代一代传承下来的。

"补袜子容易学吗？"小周同学问。

"很简单，你看……"雷锋手把手地教给他，希望他可以学会。

在雷锋的教育启发下，这些孩子也开始补袜子。不仅表现出雷锋自己艰苦朴素的作风，同时也体现了他在孩子们心中的地位。

经过雷锋的启发教育，这个孩子真的开始学习补袜子了。一段时间之后，他在街上看见雷锋，笑嘻嘻地扶着路旁的一棵小树，把一只鞋子脱了下来，抬起脚说：

"雷锋叔叔，你看，这是我自己补的袜子。"

"真好！"雷锋高兴地看了看他补的袜子，连声夸奖道，"补得挺好，针脚还很密实呢！你应该将你补的这双袜子，让同学们看一看，号召同学们都学着自己补袜子才好啊！"

受雷锋教导过的孩子，都跟雷锋一样开始自己尝试补袜子，可见雷锋在孩子们心中的影响力。

从那之后，就有很多小同学尝试着自己补袜子了……

本溪路小学有一个五年级的学生，学习成绩非常好，但是特别顽皮，放学一回家便成了"孩子头"，往往带着一群七八岁的小孩，拿着木头刀、木头手枪，跑去离学校不远的望花公园中喊打喊杀的。有一次，这群小家伙正在公园中玩耍，想到电影中的解放军叔叔在打仗的时候都戴着用树枝做的帽圈，就让那"孩子头"爬上树去折点树枝也做几个帽圈来戴，"孩子头"真的爬上了一棵大柳树，几个小家伙抬起头，叽叽喳喳地边说边向树上望。

叽叽喳喳：形容杂乱细碎的声音。

雷锋出差办事回来，路过公园，看到这群小孩子都围在树下向上望，他也顺着向上望了一眼，只看到一个小孩正趴在树上折柳枝。他连忙走过来，把地上的几根柳枝捡起来，对树上的孩子喊道:"你赶紧下来,不可以折这刚抽条的柳枝。"

那孩子垂头丧气地从树上滑下来,那些小家伙也都很不开心。

雷锋让孩子们坐下,当他们坐好时,雷锋拿起柳枝问道:"你们有人能做好帽圈吗?"

那"孩子头"说:"我就能。"

"那你们做帽圈是为了什么呢?"

"我们学解放军那样,我们在打仗。"

"我们也是解放军。"一个小家伙举起手中的木头手枪,又改口道,"等我长大了,也要做个解放军。"

"为什么要做解放军啊?"

"为了能打仗呗!"

"为什么要打仗啊?"

"为了保卫我们的国家……"

雷锋笑着说:"你们回答得很好,做解放军就是要打败帝国主义,保卫我们的国家。不过,解放军还应该保护平民百姓、保护公共财产呀!过去解放军行军作战时,为了使敌人不易察觉,才在野外折些树枝和野草做帽圈来掩护自己。可今天你们是在公园里,你们想想,你们这群'小解放军'如果将树枝全都折光了,百姓就会说,这群'解放军'怎么回事,根本就不爱护国家的树木。"

雷锋的这番话将孩子们都逗笑了。打那时候起,他们再

所有的孩子都想当解放军,上战场,从孩子们的言行举止中,可以看出他们对解放军的崇敬。

察觉:发觉;看出来。

也没有到公园去折过树枝。

雷锋怀着高度的责任感，辛勤地帮助下一代。共青团抚顺市委为了对雷锋的事迹进行表彰，曾在1962年5月28日颁发了一张奖状给他，上面写道：

奖给少先队优秀辅导员雷锋同志：保持光荣，继续前进。

阅读赏析

雷锋非常喜爱孩子，孩子们也喜欢他，纷纷将他看作榜样，努力向他学习。一些老师和家长都没办法的顽皮的孩子，在雷锋的教育下，很多都能积极改正，由此可见雷锋在孩子们心中的地位。雷锋时刻关爱、教导着祖国的下一代，以高度的责任感，为下一代的茁壮成长付出了许多。

写作·借鉴

借代

借代是一种不直接说出所要表达的人或事物，而是用跟它有密切关系的人或事物来代替的修辞方法。恰当地使用借代手法可以引人联想，令文章特点鲜明、形象突出、具体生动。本章中，作者用"孩子头"代指爬树、折柳枝的孩子，生动地展现出了这个孩子的形象。

好词·好句

视如珍宝　簇拥　声情并茂　意味深长

★ 我就像一个学走路的孩子,党像母亲一样扶着我,领着我,教会我走路。我每成长一分,前进一步,这里面都渗透着党的亲切关怀和苦心栽培啊!

★ 红领巾作为五星红旗的一角,是革命烈士们用他们的鲜血染成的,我们要把它当作革命的起点,在党的指引下不断前进。

★ 一千多名少先队员全神贯注地听着他声情并茂的讲述,毛主席少年时期的故事深深地打动了他们的心灵。

★ 你们长大后不论从事什么行业,在我们国家都是劳动大众,都应该做人民的勤务员,绝不能骑在人民头上啊!

★ 天真的两个小孩抬起了头,彼此看了看,都不由得笑了,两只小手终于再一次握在了一块儿……

★ 你们从小就要养成热爱劳动、热爱集体的好习惯、好品质,将来才可以更好地为人民服务。

★ 这件事很快就在建设街小学传开了,许多班级都制作了"节约箱",同学们下决心学习雷锋克勤克俭、艰苦朴素的革命精神。

无障碍名著大阅读系列

阅读·思考

1. 为什么学校要让雷锋做辅导员？
2. 对待顽劣的孩子，雷锋会怎么做？
3. 1961年的春节，雷锋是怎样度过的？

拓展链接

红领巾

红领巾产生于俄罗斯的东正教。1917年，列宁领导人民取得革命胜利时，东正教会在俄罗斯有很大的势力，孩子们每周日上"主日课"时都会佩戴红领巾作为标识。在十月革命取得胜利之后，为了加强少年儿童的共产主义教育，俄共（布）设立了少先队，当时俄罗斯社会将佩戴红领巾作为一种光荣。

好事做了一火车

  雷锋无论在哪里都竭尽所能地做好事，虽然他所做的事情大多是平凡、普通的，但都已经深入人心，他的事迹越传越广，许多单位都想请雷锋去做报告，雷锋是怎么应对这样的情况的？下面的故事会告诉你答案。

  雷锋的事迹传播得越来越广，许多单位争相邀请他去做报告，这一天，雷锋又准备坐火车从抚顺去沈阳。

  在抚顺上了火车，雷锋看见列车员非常忙，就动手帮忙做事。擦桌子、扫地，一节挨着一节地打扫车厢，他忙得汗流浃背，干好这个又做那个。列车上的人不断增多，他拿起水壶给旅客倒水喝，帮助妇女抱小孩，接送拿着沉重行李的旅客，忙前忙后。

  雷锋走进另一节车厢，看到一位农民模样的老大爷一副疲惫的神态，在车厢门口蹲靠着，他身边还有一只装满杂物的大篮子。雷锋走到大爷身边，扶起他，给他找了个座位。

他这样奔忙，不知道的人还认为他也是一名列车员呢！经常坐这个列次火车的旅客已经不是第一次看到雷锋了，便亲切地与他打招呼。

作者笔锋一转，场景一下子从列车上雷锋繁忙的身影转到了车站上的吵吵嚷嚷，引起了读者的注意，吸引了读者的阅读兴趣。

到了沈阳车站转车时，他看到检票口附近吵吵嚷嚷的，一群人围着一个抱孩子的中年妇女议论纷纷。有的人跟她说："你再找一找，是不是放在别的地方了。"

人围得越来越多，路都被堵住了。雷锋见此情景，马上走过来问：

"大嫂，你要去哪里呢？是不是火车票不见了？"

那位大嫂急得满头大汗，解释道："我老家是山东的，要到吉林去看我的丈夫，不知怎么的，我的车票和钱都找不到了。"

雷锋听她讲的是实情，就说："不要着急，我来想办法。"

他把大嫂领到了售票处，掏出自己的津贴买了一张火车票，塞到她的手中说："赶紧上车吧，车马上开了。"

受人恩惠，想要知道这个人的名字是很正常的事情，但是雷锋并没有将自己的名字告诉这位大嫂，可见其做好事不留名的高尚情操。

大嫂紧紧握着火车票，万分感激，连忙问道："同志，你的名字是什么？在哪个单位上班？我好把钱给你寄去。"

雷锋微笑着说："我叫解放军，就住在中国。"说完便转身离开了。

那位大嫂上了火车，感动得眼泪汪汪地望着他。

从丹东回来后，雷锋又要在沈阳换车。他背着背包，在地下道经过时,看到一位满头银发的老大娘,拄着棍子,肩上背着两个大包袱,一步步艰难地向前走着,雷锋走到她身边问道:"大娘,您这是要去哪儿啊?"

老人气喘吁吁地说:"我从关内来,要去抚顺看我儿子!"

雷锋得知她和自己同路,马上接过大包袱,搀扶着她说:"大娘,我们是同路,我送您去抚顺找您的儿子吧!"说着便搀扶着她上了车。

老人是头一次坐火车,没想到会遇到这样一个好心人,高兴得说不出话来。

到了车厢,雷锋为大娘找好座位,自己就在大娘旁边站着。雷锋把刚买来的面包掏出来,塞了一个在大娘手中,老大娘向外推着说:

"孩子,俺不饿,你自己吃吧!"

"别客气,大娘,吃个面包,先垫垫肚子。"

"孩子,孩子"这亲切的称呼,雷锋听了非常感动,听起来就像母亲叫他的小名似的那般亲切。他和老人唠起了家常。

老人说,她儿子是一名煤矿工人,从老家出来好多年了。她是第一次到抚顺来,还不清楚儿子的地址呢!说着,她从怀中掏出来一封信递给了雷锋,又问道:"孩子,你认识这个地方吗?"雷锋拿过信,发现信封上只写着"抚顺市××信箱",并没有注明具体地址。他懂得老人想儿子的急切心情,便说道:"大娘,不要担心,我一定帮您找到儿子。"

雷锋送大娘去找儿子,但这不是简单地将她带去见她儿子,而是包括了这一路上各种细节之处的照顾。

生活中，雷锋已经将帮助别人当成了一种本能，他从来没有想过会得到回报，突出了雷锋助人为乐的高尚品质。

帮人帮到底，虽然很多人都会说这样一句话，但真正做到的人却很少，而雷锋却做到了。

雷锋说一不二，到了抚顺，他搀扶着老大娘，背着包袱，不厌其烦地四处打听，足足找了两个多小时，终于找到了老大娘儿子的住址。

母子二人热情地挽留雷锋，但雷锋只说了一句"这是我应该做的"，便赶紧归队了。

有一次，雷锋又去沈阳出差。忽然乌云密布，下起了大雨。在赶往车站的路上，他看到一个大嫂带着两个孩子，手上牵着个大的，怀中抱着个小的，肩上还扛着个包袱，吧唧吧唧地蹚着泥水，在大雨中艰难地向车站赶去。

雷锋追了上去，把自己的雨衣解下来披在大嫂和孩子身上，又把她怀里的孩子接过来抱着，一直将他们送到车站，送上火车。

上车后，小女孩总是不停地哆嗦，于是，他什么都没说就将自己的绒衣脱下来给女孩穿上，又将身上的干粮掏出来分给孩子们吃。到了沈阳，雨还没停，他又将他们送回了家。

大嫂满含热泪地说："同志，我该如何答谢你啊？"

雷锋笑了笑，说："不用答谢，这是我应该做的。"

雷锋从她家出来，继续冒雨赶路，他就像刚刚完成了一项党交给他的任务一样，既不觉得冷，也不觉得饿了。之后他还轻轻地吟诵起这样的诗句：

我是人民的子弟兵，

我是人民的勤务员，

为人民做点好事，

再苦再累也觉甜。

不久，雷锋接受任务出差去佳木斯。在他乘车回到沈阳的途中，他依旧忙前忙后，扶老携幼，几乎成了辛勤的义务列车员。

小王是沈佳线第三包乘组的列车员，她看到这位年轻的战士如此助人为乐，马上想到了她在报纸上看到的雷锋事迹，心想难道这名浓眉大眼的战士就是雷锋吗？她刚要走过去问问，不巧列车已到了滨江站。

外面下着倾盆大雨，透过车窗向外看，装卸工人们正在忙着将站台上的货物和行李遮盖好。火车刚停好，雷锋就顶着大雨下了车，与装卸工人一块儿忙起来，直到响起开车铃。

小王看到他上了车，衣服都被淋透了，鞋上都是泥水，立刻递给他一条毛巾，问道：

"同志，你的名字是什么？"

"我……"雷锋擦了一下脸上的雨水，笑着反问道，"你为什么要问这个？"

"我猜，你应该是雷锋同志吧！"

"雷锋……也十分平常。"雷锋谦虚地笑了笑，将毛巾还给她，"谢谢你。"

小王马上跑到列车长那里，将这件事讲给大家听。大家得知雷锋就在他们的列车上，一个人民战士的高大形象便浮

做一件好事很容易，一直做好事却很难。雷锋能坚持做好事是十分难得的。

面对这样的情况，雷锋并没有任何自得，反而十分谦虚，体现了他踏实内敛、不张扬的性格。

现在每个人的脑海里，于是都利用空闲时间跑来看望他。这个与他握握手，那个跟他谈谈心，还有人请他签名留作纪念。就这样，雷锋一路上认识了很多朋友。

列车到达沈阳，等到旅客都走了，雷锋又和列车员一块儿把车厢打扫干净，打扫工作结束后，他才与这些亲切的列车服务人员告别。

"雷锋出差一千里，好事做了一火车"的佳话，便这样传诵开来。

雷锋在他的日记里，写下了这样一段感人肺腑的话：

人的生命是有限的，可是，为人民服务是无限的，我要把有限的生命，投入到无限的为人民服务之中去。

阅读赏析

"雷锋出差一千里，好事做了一火车。"这句话真实地描绘了雷锋为人民服务的精神。无论在哪里，雷锋总是以自己最大的力量来帮助别人，将自己的关心传递给所有需要帮助的人。他这种无私奉献、不求回报的精神在一代又一代的人中传扬。

雷锋故事

写作·借鉴

感 叹

感叹又叫咏叹，是用呼声或类似呼声的词语、句子来表达深沉的思想或强烈的感情的一种修辞手法。一般常借用叹词、助词，并搭配惊叹号，来表现强烈的情绪。本章中，列车员小王所说的"我猜，你应该是雷锋同志吧！"饱含了她激动的心情。

好词·好句

说一不二　不厌其烦　扶老携幼　感人肺腑

★ 擦桌子、扫地，一节挨着一节地打扫车厢，他忙得汗流浃背，干好这个又做那个。

★ 雷锋微笑着说："我叫解放军，就住在中国。"

★ 雷锋从她家出来，继续冒雨赶路，他就像刚刚完成了一项党交给他的任务一样，既不觉得冷，也不觉得饿了。

★ 在他乘车回到沈阳的途中，他依旧忙前忙后，扶老携幼，几乎成了辛勤的义务列车员。

★ 人的生命是有限的，可是，为人民服务是无限的，我要把有限的生命，投入到无限的为人民服务之中去。

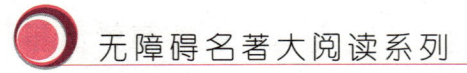

阅读·思考

1. "雷锋出差一千里,好事做了一火车"这句话说明了什么?
2. 在沈阳换车的时候,雷锋做了一件什么事情?
3. 当雷锋被人认出来的时候,他的表现如何?

拓展链接

子弟兵

"子弟兵"的称谓源自抗日战争时期聂荣臻元帅领导的晋察冀敌后抗日根据地。它原本是指由本乡本土的子弟组成的军队,如当时聂荣臻麾下的"回民支队""平山团"等。1939年5月,聂荣臻嘉奖平山团是"捍卫民族、捍卫边区和捍卫家乡的优秀的平山子弟兵"。随后,"子弟兵"的称呼越来越响亮,很快便家喻户晓。后来,"人民子弟兵"成了人民对中国共产党领导下的革命武装的亲切称呼,而且至今一直沿用。

❀ 名副其实的人民代表 ❀

  1961年春天，抚顺市第四届人民代表大会马上就要召开了，雷锋所在的团分得了一个名额，全团战士一致推举雷锋做这次的人民代表。雷锋非常激动，但连里的运输任务却很紧张。那么，雷锋能够顺利参加这次大会吗？接着往下阅读，你会找到答案。

  1961年春天，抚顺市第四届人民代表大会即将举行。当地居民热情万丈地准备选举人民代表，大家都推选雷锋做人民代表。

  这时，抚顺人民委员会批了一个名额给雷锋所在的团，并让团里尽早选好并上报。

  之后，热烈的选举工作便在部队展开了，最终，雷锋成了全团上下一致选举通过的抚顺市人民代表。

  不久，抚顺市选举委员会将一张"人民代表证书"送到团政治处，证书上写着：雷锋当选为抚顺市第四届人民代表

民众积极选举人大代表，可见人大代表在人们心中的地位，而雷锋作为选举对象，则直接说明了雷锋在人们心中的影响力。

大会代表。

在全团例会上，雷锋双眼饱含着热泪，对全团官兵说："请首长和战友们放心，我一定不辜负党和人民的信任……"会场上顿时响起了雷鸣般的掌声。

7月27日晚上，雷锋刚出车回来，就被叫去了连部。高指导员将抚顺市人民委员会的通知书递给了他，只见上面写着：

市人民代表雷锋同志：

兹定于七月三十一日午前八时在抚顺宾馆召开第四届人民代表大会第一次会议，会期预计四天，希望七月三十日午后三时前到抚顺宾馆报到。如有提案请随身带来。

高指导员一脸高兴和关切的表情说："雷锋啊！参加人民代表大会可是一件大事啊，你要抓紧时间，好好准备一下，明天就不用出车了。"

雷锋双手捧着通知书，想了想说："党和人民选举我做代表，我想，这是一个向全市人民代表学习的好机会。"

"说得对！"高指导员赞成地说，"希望你执行好这个学习任务。"

因为连里运输任务十分紧张，虽然领导多次让他专心准备大会的相关事宜，但是为了减轻连队的负担，第二天、第三天，他都依旧按时出车了。到了第四天——7月30日上午，他才留在队里将自己驾驶的十三号车仔细检查、保养了一番，

虽然雷锋做好事并没有希望能为自己带来什么，但能够成为人大代表还是一件令人激动的事情，因为这是人民相信他的体现。

虽然雷锋已经成了人大代表，但他并没有因此而懈怠自己的工作，仍然一丝不苟，体现出他的踏实勤快。

又耐心地对助手交代好，才把工作服脱了下来，将一身整洁的军装穿好。吃过午饭，他带上正在阅读的《毛泽东选集》第四卷和一个笔记本，离开了连队，按时到达了抚顺宾馆。

抚顺宾馆，人才济济。雷锋来参加这次人民代表大会，抱定了向他人学习的态度。每位代表的先进经验、先进思想他都想学习一遍，这样才能使自己的工作能力和思想水平进一步提高。

开会之前，大会秘书处将一个文件袋发给他，里面有十几份会议文件。他认真读着这些文件，心里想着，像我这样一个出身穷苦的人民战士，有机会参加这样的大会，这要是在旧社会真是连做梦都不敢想啊！他抓紧时间将会议文件读完，后来他在那个文件袋上写了一首枪杆诗：

过去当牛马，

今天做主人。

参加代表会，

讨论大事情。

人民有权利，

选举自己人。

掌握刀把子，

专政对敌人。

衷心拥护党，

革命永继承。

书中多次展现了雷锋的诗作，在这些作品中我们可以看到雷锋对党的拥护与爱戴、对百姓的关爱，以及雷锋自身的才华。

无障碍名著大阅读系列

哪怕进刀山，

永远不变心。

在讨论会上，雷锋以一个战士的身份发表了面对困难应有的态度：

"在我们前进的道路上，总会困难重重。现在的困难是暂时的，我相信在党中央和各级党委的正确领导下，一定会克服所有的困难。这些困难的实质，也只不过是'纸老虎'，问题就在于我们是见虎而逃呢，还是遇虎而打？我们作为一个革命者，要哪里有困难，就到哪里去。"

通过参加大会学习和讨论，雷锋更加深刻地认识到，在党中央、毛主席的领导下，认真践行"调整、巩固、充实、提高"的正确方针，自力更生，艰苦奋斗，让我们的社会主义建设事业蓬勃发展。我们的党关心人民、爱护人民，人民与党一条心，这就是我们克服一切困难的不竭动力。

在会议期间——8月3日，雷锋在日记中写道：

我要坚决听党的话，一辈子跟着党走，认真贯彻党的方针政策，对党有利的话、有益的事，我要多说、多做；对党不利的话、没有益的事，我坚决不说、不做。我要全心全意为人民服务，终生为伟大的共产主义事业而奋斗。

自力更生：不依赖外力，靠自己的力量把事情办起来。

阅读赏析

雷锋全票通过了选举,顺利当选了抚顺市的人大代表。但雷锋并没有因此产生骄傲、自满的情绪,而是始终不忘自己的本职工作,努力做好自己的所有工作。在人大会议上,雷锋也根据自己的身份发表了意见。雷锋始终将全心全意为人民服务作为自己的人生目标,并将其付诸实践。

心理描写

心理描写是指对人物在一定环境下的心理状态、精神面貌以及内心活动进行的描写与刻画,是展现人物性格、品质的一种写作方法。本章中,"他认真读着这些文件,心里想着,像我这样一个出身穷苦的人民战士,有机会参加这样的大会,这要是在旧社会真是连做梦都不敢想啊!"就是一处心理描写,展现了他对党的爱戴与对此时自己境况的感叹。

好词·好句

辜负　人才济济　拥护　困难重重

★他认真读着这些文件，心里想着，像我这样一个出身穷苦的人民战士，有机会参加这样的大会，这要是在旧社会真是连做梦都不敢想啊！

★在我们前进的道路上，总会困难重重。现在的困难是暂时的，我相信在党中央和各级党委的正确领导下，一定会克服所有的困难。

★我们的党关心人民、爱护人民，人民与党一条心，这就是我们克服一切困难的不竭动力。

★我要全心全意为人民服务，终生为伟大的共产主义事业而奋斗。

阅读·思考

1. 为什么雷锋会当选为人大代表？
2. 当选为人大代表之后，雷锋继续出车了吗？
3. 在人民代表大会上，雷锋发表了哪些言论？

拓展链接

人民代表

人民代表是人民代表大会代表的简称，也可简称为人大代表，意为中国各级人民代表大会的代表。全国人大代表，由各省、自治区、直辖市人民代表大会以及中国人民解放军在全国人民代表大会常务委员会的主持下选举产生。各省、自治区、直辖市、设区的市、自治州的人大代表，由下一级人民代表大会选举产生。不设区的市、市辖区、县、自治县、乡、民族乡、镇的人大代表由选民直接选举产生。

战士们心中的好班长

　　抚顺市人民代表大会胜利闭幕后，雷锋回到了连队，还被选为四班的班长。此时的雷锋已经是一身的荣誉，在官兵战士的心中已经有了很高的威望。但是没过几天，却发生了一件事情，令雷锋在班长这一岗位上遇到了挫折。是什么呢？仔细阅读下面的故事，你会找到答案。

　　抚顺市人民代表大会胜利闭幕，雷锋回到连里被选为四班的班长。这时的雷锋已经成了一位人人皆知的先进模范人物，又是市人民代表，一身荣誉，在官兵战士的心里有很高的威信。他被提升为班长，四班的战士们都非常开心。

　　然而几日之后，却发生了一件这样的事：

　　一天下午，二排排长让四班派一辆车到浑河农场去拉菜。雷锋带上两名新同志去执行任务了。汽车的电路在行驶过程中发生了故障，当把车修好赶至农场时，太阳已经落山了，农场的同志都已经吃了晚饭。

威信：威望和信誉。

雷锋在装菜的时候想：两个新战友辛辛苦苦地奔波了一路，这时候一定饿坏了，等把菜都装好回到连队再吃晚饭，难免太晚了，还要打扰炊事班的同志休息。于是雷锋便找到农场管理员说了一下情况，农场的同志特别热情，得知他们还饿着肚子，便马上动手为他们准备饭菜。

雷锋的这些想法是一片好心，从中可见他常常为别人着想。

雷锋高高兴兴地跑来让两个新战友去吃饭，但是这两人忙着装菜，怎么说也不去吃，一个战友说："天要黑了，车灯又出了故障，赶紧装好菜回队里再吃饭吧。"

"劳累了一下午，你们肚子不饿吗？"雷锋体贴地说，"农场已经把饭菜都准备好了，吃了饭再走吧！省得回连队再让炊事班的同志受累。"

另一个战友说："让自己人受累总比让别人受累好。"

雷锋劝说不了他们，不得不再去找农场管理员解释，推掉了为他们准备好的饭菜。当他们装好菜赶到队里，已经过了晚上十点……

雷锋还没来得及把这件事汇报给排长，那两个新战友就已经向二排排长反映说："我们班长办事非常主观。"

汇报：综合材料向上级报告，也指综合材料向群众报告。

二排排长得知这件事后，便来找雷锋谈话：

"做好一名班长并不是一件容易的事，今后做事要多跟战士们商量，注意方式方法，班里有人反映你工作主观。"

雷锋一听就明白是那两个新战友反映的，马上向排长汇报了拉菜吃饭的事，并且诚恳地说："现在我做班长，绝不会不重视战士们的意见,我一定克服缺点,把今后的工作做好。"

几日后,新调任的虞连长也找来雷锋谈心,每一句话都说到了他的心里:"雷锋啊!火车头非常重要,但是如果和车厢脱离了,就发挥不了什么作用了。一个人做事情,如果没有团结群众,什么事都做不成……"

受到了批评,雷锋没有产生抱怨的心理,而是积极调整自己,努力改正,这是积极进取精神的体现。

当天晚上雷锋就将连长的话写到了日记中。他写道:连长的话很对!今后无论做什么,都要走群众路线,依靠群众,发动群众,团结群众,一起为我们的革命事业贡献力量。

有一次冬训,运输连接到团部的通知,要求派一个班去铁岭山区完成一次运输任务,还再三嘱咐说,那里地势险要,有很多积雪,有的地方还没有公路,一定要派一个不仅有熟练的驾驶技术,而且要不怕困难的班去。党支部经过仔细研究,决定派四班去执行这个任务。

雷锋接到任务后,马上集合全班战士开展了思想动员活动。他吩咐大家仔细地检查好车辆,并多次强调大家要团结一心,不怕困难,一定要完成这项任务。第二天早上五点过后,雷锋与小韩驾驶着十三号车打头开路,接下来三号、十四号、十五号……一支浩浩荡荡的队伍出发了。

这里照应了前文,是党支部会"仔细研究"的原因,这样复杂的道路环境也为故事的发展做了铺垫。

刚出发的时候路比较好走,然而随着时间的推移,路越来越难行,坑坑洼洼的。车队开进深山之后,他们的路被一道江岔子拦腰截断。因为夏季洪水的冲刷,这地方根本无法找到可以行车的路，眼前是一人多高的苇草、碗口大的乱石头，以及树丛。不要说汽车，就算是牛车也不好走啊。

"班长，我们怎么办？"小韩急切地问。

"无论困难有多大，我们都要坚决完成任务！"雷锋将车停好，走出驾驶室，迎着凛冽的寒风，穿过满是冰雪的树丛，认真地察看了附近的地形，还是没能找到行车的路。如何是好呢？雷锋向四周望了望，一缕炊烟从山洼处一座房屋顶上冒出来。

"有了——要走群众路线！"雷锋兴奋地笑起来，三步并作两步奔向那座房屋。

一个老乡迎了出来，问道："同志，你们要……"

雷锋说："我们要从江岔子过去，却找不到路。"

老乡说："那里确实过不去。江岔子上段有个干河套，牛车能够通过，汽车能不能过去很难说。走，我给你们领路。"

他们到干河套察看了一番，雷锋认为汽车能够通过。于是他决定先由自己开车试一下，如果可以通过，再让车队从那儿过。

雷锋发动汽车，加大油门，根据那位老乡留在雪地上的脚印往前开。乱石滩上十分颠簸，车身摇晃得厉害。雷锋握紧方向盘，两眼盯着雪地上的脚印，无论车身如何颠簸摇晃，他始终冷静沉着地向前开，最终在干河套闯出了一条路，越过了江岔子。

河套：①围成大半个圈的河道。也指这样的河道围着的地方。②指黄河从宁夏横城到陕西府谷的一段。过去也指黄河的这一段围着的地区；现在指黄河的这一段和贺兰山、狼山、大青山之间的地区。

这里展现了雷锋心理素质的强大与开车技术的高明。

雷锋跳下车,走上前高兴地握紧老乡的手说:"老乡,谢谢,谢谢你啊!"

"不用谢,赶紧让别的车跟上吧!"

雷锋指挥其他车,最终大家都安全地通过了江岔子。

战士们告别了老乡,雷锋继续开着车在前面带路,车队紧随其后。过了不久,他们来到一段被厚厚的冰雪覆盖的山阴路。雷锋全神贯注地注视着前方,牢牢握住方向盘,然而接连几次汽车都没能爬过去。战士们马上下了车,眼望着班长开的车,车轮一直在冰坡上打空转,就是爬不动。雷锋心想:爬这个冰坡还得动员大家啊。他把战士们召集起来说:

这里使用了一个俗语,使文章更加生动。

"战友们,三个臭皮匠,赛过诸葛亮。再大的困难我们也要战胜它,只要大家团结一心、集思广益,我们就会战胜任何困难。"

战士们听班长这样讲,便纷纷想办法、出主意。有人提议加上备用防滑链,有人说刨掉路上的冰,有人认为在冰坡上垫些土或草更好些,也有人……

耽搁:①停留。
②拖延。③耽误。

雷锋见太阳马上要落山了,不能再耽搁,就说:

"我看同志们说得都很对,我们动手吧!好不好?"

"好。"每一个战士都赞同班长的决定。

雷锋安排几个战士去加防滑链、弄苇草,自己带头从车上拿下一把大镐,便在十三号车前开始刨冰。

过了不久,几个战士搬来了十几捆苇草,放在加好防滑

雷锋故事

链的车轮底下。雷锋将刨掉的冰碴扔到路边，对小韩说：

"上车，试一试！"

小韩答应着，和雷锋一起上了十三号车。

雷锋踩紧油门，一个猛冲，越过了冰坡。接下来，三号、十四号、十五号……都陆续跟上来，他们又战胜了这个冰坡。

车队之后又开进了一个小山村，可是在他们前面的路中间正行走着一辆马车。马车走得慢吞吞的，两个车夫边走边聊，没有注意到后面的车队。

小韩想赶时间，伸手刚想按喇叭，雷锋马上阻止了他。

小韩急切地说："赶紧超过去吧！天黑下来，路就更不好走了！"

"如果我们超车，会使马受惊，我们加速超过去，万一发生了事故，反而会耽搁时间，有多少这样的教训啊！"雷锋说着，指了一下贴在挡风玻璃上的一张字条，上面写着"宁停一分，不抢一秒"，随后他停下车。

这会儿，车夫注意到了身后的汽车，赶紧用鞭子驱赶马向路边靠。由于路边有冰，马一慌，两个前蹄不免打滑。雷锋见此马上跳下车来，跑过去帮着老乡推车。小韩看到马车已经让开了路，正想发车，没想到一个小孩跑过来看汽车，雷锋转身抱起小孩站在路边，这才让小韩发车。

小韩看着停在路边的马车和雷锋怀中的那个孩子，又看了看"宁停一分，不抢一秒"的字条，心想：班长出车从来

前面的马车慢吞吞地走着，严重影响了后面车队的进程，雷锋之所以阻止小韩超车，主要是考虑到人民群众的安全。

意识与技术同样重要，雷锋正是两者兼具，才能让自己开车时从不出差错。

都不出事故的原因，除了他有熟练的驾驶技术外，更重要的是他拥有为革命、为人民开车的意识啊！

天色已晚，当车队驶过茫茫山野，奔向又高又陡的盘山路之后，一个九十度的急转弯忽然出现在眼前。雷锋隔着车窗向外看，只见车的正前方和左边是狭窄悠长的山谷，右边是高耸陡峭的山崖。盘山路不仅窄还很滑，一不小心就会撞崖、坠谷。尽管小韩已有不少次出车的经验，但是，他还是第一次过这样的险路。

"镇静，一定要镇静，沉住气！"雷锋冷静地对小韩说，也是对自己说。他脱掉棉手套，将手刹牢牢握住，对小韩讲："打开所有车灯，你专心掌控方向盘，一有不测我就刹车。"

这样的语言描写更加突出了当时的场景，使读者充分感受到当时的紧张气氛，推动了故事的发展。

"好的。"小韩将车换成低速挡行驶，在九十度转弯处汽车缓慢前行。他稳打方向盘，车身靠紧山崖，左后轮在悬崖边慢慢移动，终于安全地通过了这个险地。

出于确保整个车队安全的考虑，十三号车走过这段险路便停住了。雷锋走出驾驶室，走回急转弯处，他在悬崖边上站着，指挥着一辆辆车顺利地通过这段最危险的路段。

温柔的月光洒向大地，远远望去，雷锋带领着车队，翻过一道道山岭，蜿蜒蛇行，有惊无险地向前进。

蛇行：①全身伏在地上，曲折地爬着前进。②像蛇一样蜿蜒曲折前行。

当他们克服一个个困难，将这次艰巨的运输任务圆满地完成时，雷锋更加深刻地体会和理解了"火车头"与"车厢"的关系。刚调来的两名新战友也参加了这次任务，他们不仅得到了很好的锻炼,还感触颇深地说:"咱们说雷锋班长做事主观,实在是妄下结论啊!"

从这以后,全班战士变得更加齐心协力、团结一致了。

转眼新年到了,连队同庆新春,喜气洋洋。大年初一这天,战友们都在一块儿高高兴兴地开展各种文娱活动,有的排练节目,有的下棋、打牌。雷锋和战友们在体育馆里打乒乓球,刚打不久,雷锋心里就觉得好像有什么任务没完成似的。后来,他想到每到春节,都是各个服务部门与运输部门最繁忙的时候,这些部门此时多么需要人来帮忙啊!于是他把手里的乒乓球拍放下,叫上班里几名战友,一块儿向副连长请了假,径直来到了抚顺瓢儿屯车站。

在雷锋的感染下,战士们做好事的积极性特别高。有的战士帮忙清理候车室,为旅客倒水;有的搀扶老人,抱着小孩,帮助旅客上下车。每个车厢都可以看到战士们忙碌的身影,旅客们的内心刹那间涌起阵阵暖流。

列车员看到雷锋,还以为他又要出差,不放过每一次为大家服务的机会呢,便走过来亲切地问道:

"雷锋同志,春节也要出差吗?"

"没错!春节你们站上工作多,我们过来出个公差……"

"出公差?"列车员感激地说,"哎呀!你们真是辛苦了,赶紧休息休息吧!"

"做这点儿事哪里会累呢?"

即使是在这样的欢乐时刻,雷锋心中始终惦记着工作,体现出他全心全意为人民服务的精神。

这里的"公差"显然不是平常意义上的公差,雷锋之所以这样说,不仅体现了他风趣的一面,同时也体现了他热心的一面。

无障碍名著大阅读系列

雷锋就是这样一心一意地、持之以恒地为人民做好事。难怪每当人们看到为人民做好事的人，便会情不自禁地想起雷锋……

阅读赏析

在刚接手一份新的工作时，很多人都不能马上调整好自己的状态，雷锋也是一样。他升为班长后与新来的两位战士发生了分歧。但是雷锋很快就处理好了和战友之间的关系，使战士们团结起来、和睦相处。在面临十分艰难的任务时，雷锋更是带领战士们战胜了种种困难。在他的带领下，战士们出色地完成了任务。他全心全意、毫无保留地为人民服务的精神令所有人都深深感动。

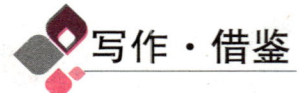

写作·借鉴

侧面描写

侧面描写也称间接描写，是从侧面烘托人物形象。在文学创作中，作者通过描绘周围人物或环境来表现描写的对象，以此来突出描写对象的特点。本章中，"党支部经过仔细研究，决定派四班去执行这个任务"突出了党支部对这次任务的细心与重视，而四班正好是雷锋所带领的班级，从侧面反映出雷锋所带领的班级技术的高超。

好词·好句

颠簸　集思广益　耽搁　蜿蜒蛇行　持之以恒

★今后无论做什么，都要走群众路线，依靠群众，发动群众，团结群众，一起为我们的革命事业贡献力量。

★无论困难有多大，我们都要坚决完成任务！

★雷锋将车停好，走出驾驶室，迎着凛冽的寒风，穿过满是冰雪的树丛，认真地察看了附近的地形，还是没能找到行车的路。

★温柔的月光洒向大地，远远望去，雷锋带领着车队，翻过一道道山岭，蜿蜒蛇行，有惊无险地向前进。

阅读·思考

1. 因为一件怎样的事情，雷锋和战友产生了一些小摩擦？
2. "火车头"和"车厢"是一种怎样的关系？
3. 面对被冰雪覆盖的山阴路，雷锋是怎么做的？

拓展链接

防滑链

防滑链大多是用钢链或橡胶链制成，安装在汽车轮胎上，具有防滑的功能。根据不同标准我们可以将防滑链分成不同种类。按照结构可以将防滑链分为两种：一种是已经形成罩状的防滑链；另一种是交叉安装的几根单独的防滑链，这种防滑链较为简单便宜，但在安装上比不上前者方便。按照材质可以将防滑链分为铁链、牛筋链、橡胶链、钢丝绳防滑链等。

军民一家亲

　　1962年春，雷锋带着全班同志与兄弟班的几名战友配属后勤器材处，赶赴铁岭下石碑山区执行国防工程运输任务。由于道路情况非常艰险，再加上时间紧、运输任务重，雷锋肩上的担子更重了。为了顺利完成任务，雷锋做了详细的笔记说明。这些笔记说明记载了哪些内容？一起来看看吧。

　　1962年春，春的喜讯刚刚传来，雷锋就离开连队，带着兄弟班的几位战友和全班的同志，配属后勤器材处，前往铁岭下石碑山区执行国防工程运输任务。

　　由于要求时间紧、运输任务重，再加上行车路线十分艰险，身为班长的雷锋一方面要做好全班战士运输前的动员工作，充分调动起大家完成任务的决心与信心，另一方面要仔细研究并制订专门的"作战方案"，为保障顺利完成任务做了充分的准备。

　　抚顺驻地与铁岭下石碑山区之间的道路非常艰险，这也

不言而喻：不用说就可以明白。

由于这次的运输任务十分重要，要想顺利完成，一定要有充分的准备，反映出雷锋性格中的细心和有责任心。

只有雷锋做好准备显然不能让整个团队一起完成任务，让所有的人都记住安全措施，才是有效的办法，表现出雷锋强有力的执行力。

是上次雷锋带着全班战士走过的道路。这么艰险的道路情况，要想载运各种工程器材顺利抵达目的地，其难度不言而喻。

进驻山区以后的四班，运输任务大多数是要通过这条路线来完成。为了保证所有人的行车安全，刚到达山区的雷锋的首要任务就是仔细勘察这条道路的地形，并仔细将这条道路的勘察符号和情况在笔记本上详细地记录好。

下石碑山至抚顺道路情况如下：

发车下石碑山，经过水沟一条，土包一个，直角弯一个，到上石碑山。经横道河，过水沟一条，经过一个急转弯，过水沟两条，到金花楼。过桥过水沟一条，过桥，经过山道弯急，过桥，上大坡，到会源堡。拐直角弯一个，走山道有急弯两个，过木桥，到后兴安堡。拐急弯一个，过水沟，拐急弯，过木桥到前兴安堡。过木桥两座，拐急弯过桥，过小河，拐急弯，过土包到大马金庄。过桥两座，土包一个，到小马金庄。拐急弯，上抚顺，大岭，过水沟一条，到抚顺城。过铁道拐急弯，过交通警两个，经铁桥，走转盘，过交通警两个，到抚顺市，到火车站。

为了保证行车过程中的安全，雷锋要求全班同志将这条道路的复杂情况牢牢记住，同时他们还一起研究制定了"四勤、三先、五不超、六不走、九慢"的安全措施。

四勤：一、勤检查；二、勤保养；三、勤督促；四、勤清洗。

三先：一、先慢；二、先让；三、先停。

五不超：一、不超速；二、不超载；三、不超高；四、不超长；五、不超宽。

六不走：一、行车文件不齐不走；二、车辆检查不好不走；三、油料不足不走；四、人员没坐好不走；五、操纵机械有故障不走；六、没有上级首长的指示不走。

九慢：一、转弯慢；二、交叉路口慢；三、坡道慢；四、人员多的地方慢；五、复杂气候慢；六、过铁道慢；七、道路不熟慢；八、桥梁渡口慢；九、错车慢。

四班行车之所以没有任何事故发生，主要就是因为这个"秘诀"。他们在山区已经行车共两万六千多公里，从来没有出现过任何意外。

一个住有几十户人家、依山傍水的小山村成了他们在山区的宿营地。雷锋率领车队到达那个山村的第一天，乡亲们听说这里要进驻部队，主动地又是腾房子又是腾炕，十分热情，都争先恐后地希望战士们能到自己家中去住。

看到这样的情景，雷锋内心十分激动，但是他注意到这里的村民生活并不宽裕，住房也十分狭小。于是，他建议大家先将背包放在村头，之后与几名同志挨家挨户地走访察看，嘘寒问暖。他了解到老乡们的住房大多数是南北炕，有时候甚至会两三代人住在同一间屋里，显得拥挤不堪，一旦同志们住进去，一定会给乡亲们增加更多的不便，这是无论如何也不行的。就在雷锋仔细思考这件事情的时候，小于兴高采

在这里主要是讲求"慢"，这么多慢行，不仅表现出战士们在行车的时候要谨慎，也从侧面反映出道路的艰险。

争先恐后：争着向前，唯恐落后。

嘘寒问暖：形容对别人的生活十分关切（嘘寒：呵出热气使受寒的人温暖）。

烈地跑来说:"走,班长,住处的问题已经迎刃而解啦!"

"怎么解决的?"雷锋急忙问道。

"村头王大爷把自己家最好的房子让出来给我们住,强烈要求我们搬到那里去。"

"你去了?"

"对啊。"

刚进这个村子的时候,雷锋就已经去过了王大爷家,对于老人家的一片心意也已经婉言谢绝了,谁知刚转身,怎么就……雷锋想:<mark>乡亲们的住房这样紧张,王大爷一家就有七八口人,只有两间房能住,还把好的那间让出来给我们,他们一家可怎么住</mark>。于是,他将全班同志叫到身边,将自己的想法说了出来:"……咱们就是住在外边,也不能将不便和困难带给乡亲们。"

小于说:"群众的热情这么高,让咱们住他们的好房子,咱们不住,这样行吗?"

雷锋说:"咱们非常感谢乡亲们的关怀。但群众的困难咱们更应该体谅。"

战友们深深地了解,乡亲们的利益在班长的心中是高于一切的。但如果不住在乡亲们的家中,这山沟里面没遮没盖的,住的问题怎样解决呢?更何况时值春寒季节,该不会要露宿吧!

雷锋沉思了一会儿,随即将所有的人领到村后山脚下,

乡亲们将自己最好的房子腾出来给战士们住,自己全家却挤在很小的一间房中,雷锋能想到这一点,反映出他替人着想的高尚品德。

按照战备要求，选择了一处位置比较隐蔽的地方，经过生产队的同意之后，叫大家动手先修车场。

"你们将汽车的'住处'先搞好，大家住处的问题我来想办法解决。"

说完这句话，雷锋就径直向后勤器材处的驻地走了过去。

听了雷锋关于住房问题的汇报之后，后勤器材处的领导同志对他们这种关心群众生活的做法给予了表扬，并立即批给了他们一顶军用帐篷。

当晚，同志们就将这顶帐篷支在了新开的车场附近。同志们婉言谢绝了村头王大爷的好意，背上背包痛痛快快地搬进了新住处，就这样开启了他们的山区生活。

到了春耕时节，乡亲们都起早贪黑地在地里忙。看到这样的情况，雷锋一方面积极带领全班战友完成运输任务，一方面争分夺秒地做好群众工作，同时还积极到田间地头帮村民干农活，或挑挑水、起起粪、扫扫院子，做一些力所能及的事情。他把乡亲们家里整理得特别干净，还把水缸灌满了水，当乡亲们从地里回来发现了这些情况后，特别感动，都夸他是大家的贴心人。

五月，村民们都特别忙，到处都在耕地播种，村里呈现出一片生机勃勃的景象。一天，雷锋在做完车辆的保养后，立马放下工具朝地里跑去了，连手和脸都没来得及洗。到了地里后，他对扶犁耕地的王大爷说道："大爷，我能不能学

隐蔽：①借旁的事物来遮掩。②被别的事物遮住不易被发现。

进入山区，雷锋并没有安于现状，他总是在做好自己本职工作的情况下，力所能及地帮助老乡，表现出了他高尚的品德。

通过描写雷锋的一些小细节，不仅体现了雷锋工作的忙碌与认真，同时也反映了他对乡亲们的关心。

学犁地？"

王大爷见他满头是汗，身上也全是油污，知道他刚从车底下爬出来，就说："学犁地干吗？光摆弄汽车就够你忙了，地里再忙，也用不着你啊，你赶紧休息会儿吧！"

"您就让我学学吧！"雷锋边恳求王大爷边跟着他的犁杖走，一连跟了几条垄，还边看边请教怎样扶犁，怎样使唤牲口。王大爷看他这么认真，就停了下来，说："想学就试试吧！"就把犁杖把手和牲口缰绳递到他的手里。

雷锋虽然在家乡开过拖拉机，也干过农活，可使唤牲口犁地，就不在行了。牲口不听他的话，犁杖他也扶不稳，地耕得也不直，而且还深浅不一。但好在王大爷在一旁认真地教他，雷锋学得也非常认真，不一会儿，一条垄耕了个来回，很快他就找到窍门了，地也越耕越直，越耕越好。王大爷高兴地伸出大拇指称赞道："不错，学得真快，歇会儿再干吧！"

"不累！不累。"雷锋就是不放下犁杖，一口气干了两个多小时，一直到饲养员过来把牲口牵走去喂食的时候，他才放下了犁杖。

雷锋学犁地也是有原因的。原来他天天开着汽车在山区里跑来跑去，看见哪儿都是耕地的景象，每次卸完车，就想为乡亲们做些事情。然而山沟里拖拉机也没多少，他感觉用犁耕地这活儿不容易，就想在这上边搭把手，出把力。在跟王大爷学会犁地之后，他就经常在不忙的时候跑到地里，不

窍门：能解决困难问题的好方法。

由于农村的设备有限，雷锋之前总有一种有力无处使的感觉，所以才会跟着王大爷学犁地，这也为他寻到了乐趣。

是在这个村耕几小时,就是上那个村耕几小时,忙得不亦乐乎。

一天傍晚,雷锋和他的新助手小乔给施工部队送去了补给,回来时路过一个靠着山、挨着河的小山村,汽车过河汊时陷入了泥坑,他们把马力加大冲了几次还是没出去。雷锋找到石头垫车轮,让小乔开车冲,还是不顶事。小乔忍不住问:"班长,咋整?天黑了。"雷锋看着泥坑里的轮胎,想了想说:"别急,我去找老乡借个撬杠来试试。"

雷锋匆匆跑进这个叫黑林子的山村,顺脚进了村边一家土墙院。院里有位大娘伸展着胳膊,正在把鸡鸭往窝里轰赶着。

雷锋过去问候道:"大娘您好!"

大娘转过身看着这个笑嘻嘻的解放军战士,个不高,脸儿挺圆,感觉很亲切。大娘听他说想借根撬杠来撬陷在河沟里的车轱辘,虽然看他一副着急的样子,可老人还是有点儿怀疑,就说:"天都黑了,我又不认识你,万一你拿走了不还回来,我找谁要去。"

雷锋一听这话,知道大娘家准有撬杠,就赶紧解释说:"您老大可放心,我保证用完了立刻送回来,弄坏了照价赔您。您若有就借我用一下吧!"

大娘看他态度诚恳,就带他绕到房屋后头,这里确实有好几根粗细不一的撬杠。雷锋抽出一根碗口粗细一人多高的撬杠。"我就借这根了。"

"拿去用吧,大娘相信你。"

雷锋是个很机灵的人,听到大娘的话马上就反应过来大娘家有撬杠,并诚恳地提出借用的请求。

雷锋拿着撬杠跑回汽车那里。"上车加油开。"他指挥小乔开车，自己在车下用撬杠撬车轱辘，累得满头大汗，陷在泥坑中的车轮终于冲了出去。雷锋擦了擦汗，拿着撬杠刚要走，没等小乔停下车，车就突然灭火了，也不知道是因为啥。

"咋回事？"雷锋把撬杠放下，跑来用摇把摇了几次也没摇开，打开车盖检查也没发现问题。他们钻到车下检修，可因为天太黑了，也没有带手电、火柴，所以什么也看不见，更没法动手，就算打开车灯也没用。

小乔说："完了，今晚只能露宿山野了。"

"那不行。"雷锋从车底下钻出来，连身上的泥土都顾不上拍掉，就拿起那根撬杠对小乔说："你再好好检查一下。我可不能失信于老乡，得赶紧把撬杠送回去才行。"

重诺守信是雷锋处世的基本原则，也应该是我们每个人为人处世的标准。

小乔说："那你速去速回，最好能借盏灯回来照明修车。"

"行。"雷锋说着就走了。半路上他才发现撬杠撬车的一端沾满了泥，他心想，大娘看到送回的撬杠黑乎乎、脏兮兮的，肯定会不高兴。于是他就到河沟边上，把撬杠上的泥洗干净，然后才给大娘送了去。

山村一片沉寂，夜静悄悄的，还好大娘家纸糊的窗户还透着亮。雷锋进院把撬杠放到原来的地方，绕过来敲敲窗棂，说："大娘没睡吧！撬杠给您送回来了。我还想……"话还没说完，一个浓眉大眼的年轻小伙子从屋里出来了。

他见了雷锋就像见了熟人似的："嘿，原来是你呀——

雷锋故事

雷锋！我当谁呢！"

"你认识我？你是谁？"雷锋让这意外的问候弄糊涂了。

"就在去年，我在学校听过你的报告，还在几天前在外村见你扶过犁，你说巧不巧，快到屋里坐。"说着，小伙子就拉着雷锋进了屋。

这是一间特别简陋的农房。炕上有一张桌子，上边放了一盏玻璃罩油灯，灯油没了一半，可灯芯捻得很亮。旁边还有一个正在写作业的小女孩。大娘已经睡下了，听见了声音才穿上衣服坐了起来。大娘边咳嗽边热情地让雷锋坐到炕沿上。聊了几句家常，雷锋知道了这家姓田，那小伙子是大娘的儿子，叫小秋，念完初中回来种地了。那个写作业的女孩是小秋的妹妹小青，刚读初中……

这里是一句环境描写，通过简单的语言描述，我们可以知道老大娘的生活并不宽裕，为故事的发展做了铺垫。

雷锋着急回去，看着那盏油灯说："大娘，我还想再借样东西。"

"借啥？说吧！"全家人几乎同时问道。

雷锋伸头看了看小青的作业本，不知怎么开口了，就说："等小妹写完作业再说。"

在雷锋的心中，群众的利益是高于一切的，祖国的未来更是如此，所以他才会这样说。

"嗯？"小青有点儿纳闷，抬起疑惑的大眼睛，"你借东西跟我写作业有啥关系吗？"

雷锋终于开了口："我想借这盏灯……"

不等雷锋说借灯的原因，小青立刻就把作业本收了，小秋直接端起油灯放到他手上，田大娘又给了他一盒火柴，说：

185

"拿着走吧,赶紧把车修好,可别误了事。"

雷锋道过谢后,一口气把灯吹灭了,急匆匆地准备离开田大娘家。他把披上衣服要跟去帮忙的小秋兄妹拦住,说:"你们明天一个得下田,另一个得上学,赶紧回去休息吧。"

告别后,雷锋高兴地拿着灯回到了汽车那里。

把灯点燃后,黑漆漆的夜晚立马就有了一丝光亮,灯光在两位战士的手中闪闪烁烁。在它的照明下,两人终于把车给修好了。

车修好后,他们把灯吹灭,然后悄悄地放到了田大娘家的窗台上,之后连夜赶回了驻地。

火柴和灯油都是消耗品,用了就需要补充新的。照常理来说,借用灯盏之后没有给主人补充是十分正常的,但雷锋特意给里面加满了油,表现出他不贪图百姓一丝一毫的高贵品质。

第二天一大早,田大娘刚出屋就看见灯和火柴都放在窗台上,过去拿起灯一看,发现里面装满了柴油,大娘心里很感动:真是个细心的人!

一天,雷锋参加助民劳动,跟着施工队伍来到了黑林子。休息时,他专门去看望田大娘。田大娘从她儿子那里听说了雷锋的一些事迹,打心眼里喜欢他,见了面说话也多,特别亲切。

雷锋心酸的记忆在被田大娘问到他家里的情况时勾了起来。他把手背上的疤痕让田大娘看了一下,又向田大娘诉说了自己一家人在旧社会的苦难遭遇。他喝了一口田大娘为他倒的白开水,说:"现在好了,身为孤儿的我又有了家,有了亲人。"

田大娘一时没理解这句话："不是说你就一个人吗？"

"大娘您想啊，我的家就是部队，我的亲人就是党和人民啊！"雷锋笑着说。

田大娘心地善良，在心底对这个从小经受痛苦的孩子产生了一种特殊的怜爱之情。她拉起雷锋的手说："小雷呀！你从小没家，要是不嫌弃大娘家就把这当你自己的家吧！"

雷锋满脸笑容地点点头。

离别的时候，田大娘不停地对他说："开车小心着点，别出事！没事的时候常来看看大娘。"

雷锋自此真把田大娘家当自己家了。他敬爱田大娘，用田大娘的话说："胜过我的亲儿子，没那么有'孝心'的。"只要没事的时候他就会到田大娘家看望她，对她关怀备至。

那时候，全国上下的老百姓在经过三年困难时期之后连温饱都成了问题。田大娘全家也多少挨了饿，大家都过得特别节省。一次，雷锋专门把三个白面羊肉馅的大包子送到了田大娘家。"今天我们改善生活，这是我省下来的，给您尝尝。"说着他就把包子塞到田大娘手中。

田大娘问："还顾着大娘，你吃饱了没有。"

"大娘您看我这撑起来的肚子。"雷锋说着还拍了拍自己的肚子。

因为好长时间都没沾过荤、吃过白面了，所以田大娘一边吃还一边说："真香，这次可解馋了。"

这是雷锋内心的真实写照，自幼失去双亲的他将党和人民当成了自己的亲人，说明他时刻牢记党和人民对他的恩情。

备至：极其周到（多指对人的关怀等）。

无障碍名著大阅读系列

雷锋一方面怕田大娘舍不得吃完，另一方面又很想念田大娘，所以才会等她吃完才离开。

田大娘吃着包子，雷锋就那么笑嘻嘻地看着她，等她吃完后，雷锋才开车走了。还有几次，雷锋开车路过田大娘家时，就把车停下，给田大娘送去一把饼干，并且每次都说饼干是开车时吃剩下的。田大娘怎样也抵挡不住雷锋的坚持，就收下了。后来才知道，这饼干都是雷锋专门用津贴给田大娘买来的。

雷锋和小乔在一天下午开车执行任务时路过黑林子村。车开到村头拐角处时，一群鸭子晃晃悠悠地出现在路中间，小乔把喇叭一按，鸭子就都跑了，不过也轧死了几只没来得及跑掉的小鸭子。

愧色：惭愧的脸色。

雷锋立马让小乔停车，他下车拿起那几只鸭子到村里逐个询问是谁家的，问来问去，偏偏这鸭子正是田大娘家养的。雷锋来到田大娘的面前，面带愧色地做自我检讨，还说要按价赔偿。

由于雷锋和田大娘的关系很好，所以在田大娘的心中几只小鸭子并不需要赔偿，但在雷锋的心中，群众的利益高于一切，所以一定要赔偿。

田大娘不肯让雷锋赔钱，笑着说："轧死几只小鸭子有啥，让别人赔还行，要你嘛，甭说是轧死几只，就算全给我轧死了，我也不让你赔。"

雷锋说："您也知道，我们部队纪律严，不管怎样都得遵守，损坏东西不赔是不行的。"

田大娘生气了，说："你别给我讲纪律，反正你轧死了我的鸭子不要你赔。"

雷锋掏出两块钱，不容分说地就往田大娘手里塞，田大娘说什么也不要。没办法,雷锋说了句"大娘再见",顺手把钱扔到炕上,转身跑了。当田大娘走出院外时,雷锋早上车走了。

雷锋过了些天来到田大娘家。田大娘还在为那两块钱的事生气。经过雷锋耐心的劝说,田大娘终于被说通了,说笑了。随后,他从包里拿出两个全新的笔记本,一本送给了小青,这让小青高兴得都合不拢嘴了。

雷锋知道田大娘家生活艰苦,小青很少会有零花钱,她会把上学用的作业本正反两面都写满字。她的学习雷锋也很关心,就把这事悄悄记了下来。雷锋鼓励小青说:"小妹呀,一定要坚持学习,只有学到了知识,长大后才能为建设社会主义做贡献,才能为人民服务,没有知识可是什么也做不到的!"

小青感激地说:"嗯!我会好好学习的。"

小秋从地里回来,看见雷锋在家里,特别高兴。雷锋把另一个笔记本送给了他。雷锋知道,小秋只上完了初中,父亲又走得早,家里负担也很重。雷锋一直劝他自学,千万不要放弃学习。

他对小秋说:"咱俩年纪差不多,同在红旗下成长,也都上完了初中,我当兵开车也一直在学习,你回乡务农也得这么做。咱们该通过学好知识来提高本事,尽可能多地为人民做点儿事。你们这儿山、水、林都有,条件也还不错,等

在雷锋的心中,只有提高本领,才能为人民做更大的贡献,体现出他一心为民的精神。

把你学到的知识用在山区建设上，肯定会做出贡献的。"

小秋把这些话铭记在心，后来他经过坚持不懈的自学，终于成了一名出色的中学老师……

六月下旬的一天，雷锋突然来到田大娘家，说："大娘啊，近期我得到外地执行任务，就不能来看您了。今天，我是专门来跟您和小秋兄妹辞行的。"

一家人听到他要走，很不舍，心里特别难受。田大娘对雷锋说："孩子，你要走了！大娘想你的时候可咋整？"

"没事，我给您留一张照片。"说着，雷锋就拿出了他在出席沈阳部队首届团代会时的照片。一家人捧着照片一看，上边的雷锋笑得非常开心，他身上挂着奖章，戴着中士军衔，看着可精神了。而且这还是张彩色照片，照得真好。

田大娘高兴极了，一见照片就念叨着："这下好啦，回头想你的时候，只要看看照片就行了。"

全家人依依不舍地将雷锋送走了。

7月1日一大早，刚升起的太阳就将山村映得通红。雷锋下定决心要离开了，为了让军民关系更加紧密，也为了让这一天更有意义，雷锋让班里的同志在出车之余给老百姓做一件好事，以此来庆祝中国共产党四十一周年诞辰。

全班同志马上行动了起来。这一天，他们都抱有"为了使别人过得更美好"的心愿，就像雷锋那样，在助民劳动的切实行动中为党庆祝了生日。

中士：军衔，士官的一级，低于上士，高于下士。

正是因为雷锋和这家人的感情太深了，所以大家才会依依不舍。

阅读赏析

虽然任务艰巨，但在雷锋的谨慎安排之下，他们通过了重重考验，顺利地完成了这项艰巨的任务。在执行任务的过程中，雷锋时刻谨记贴近群众、关怀群众，用实际行动赢得了老乡的信任。真诚待人是雷锋的准则，他是这样想的，也将想法落到了实处。

环境描写

环境描写是指对自然环境和社会环境中的风景、物体的描写。环境描写主要是为了显示人物活动的环境，使读者身临其境。本章中，"这是一间特别简陋的农房。炕上有一张桌子，上边放了一盏玻璃罩油灯，灯油没了一半，可灯芯捻得很亮"是一句环境描写，交代了大娘家的环境，也为后文的发展奠定了基础。

好词·好句

不言而喻　勘察　争先恐后　迎刃而解　生机勃勃　闪闪烁烁

★ 战友们深深地了解，乡亲们的利益在班长的心中是高于一切的。

★ 牲口不听他的话，犁杖他也扶不稳，地耕得也不直，而且还深浅不一。

★ 他指挥小乔开车，自己在车下用撬杠撬车轱辘，累得满头大汗，陷在泥坑中的车轮终于冲了出去。

★ 把灯点燃后，黑漆漆的夜晚立马就有了一丝光亮，灯光在两位战士的手中闪闪烁烁。

阅读·思考

1. 下石碑山至抚顺的道路情况是怎样的？
2. 在住宿问题上，雷锋是怎么处理的？
3. 离别之前，田大娘一家有怎样的表现？

拓展链接

军　衔

军衔是区别军人等级的称号，它产生于15—16世纪的西欧国家，因此习惯上称之为西欧式军衔。

军衔可以分为永久军衔和临时军衔两大类，我们通常所说的军衔是指永久军衔。军衔按获得者的兵役状况以及所在部队的专业性质又有所区分。

兵：多数国家分为列兵（二等兵）、上等兵（一等兵）等。

士官：多数国家分为上士、中士、下士、军士长（或称士官长）等。

尉官：多数国家分为上尉、中尉、少尉，有些国家还设有准尉和大尉。

校官：多数国家分为上校、中校、少校，有些国家还设有大校。

将官：又称为将军，多数国家分为上将、中将、少将、准将。

元帅：许多国家的最高军衔。

前方和后方

　　1962年夏天，东南沿海的形势变得十分紧张，部队即将展开行动，雷锋就写了一份请战书，想要奔赴前线。而此时党支部已经决定好了人员，但其中没有雷锋，雷锋得知后有怎样的反应呢？快来看看吧。

　　1962年夏天，东南沿海的形势变得十分紧张，部队展开了行动。雷锋迫不及待地想奔赴前线去，于是写了一份请战书，打算回去之后交给连首长。

　　那天，雷锋恰好因为工作要回抚顺军营。他怀着迫切的心情，开着汽车连夜从山区赶回了抚顺。凌晨一点多，雷锋终于到达了连队。他本来以为，都这么晚了连首长和同志们应该早就睡了，没想到连部的窗户上还亮着灯光。雷锋想：都这个时间了，连里的人怎么还没睡觉，这是干什么呢？于是他赶紧把车开进了连队的车场。

　　深深的夜色中，还有一些同志在车场上来回奔波着，好像在忙碌着什么。值班员看见雷锋开着车从外面进来，赶紧跑过去帮他打开驾驶室的门，热情地招呼说："四班长，早知道你要回来，但不知道是这个时候回来。"

雷锋连值班员的话都没回答，把冲锋枪挎在身上跳下来就问："都这么晚了，连里在干什么？"

"你不知道吗？你看看那边。"值班员指着车场南面说。

在深深的夜色中，雷锋隐约看见草绿色伪装网下停着一辆辆全新的卡车。

雷锋看到顿时就想："部队有行动……"他感到特别兴奋，拉住值班员就问："快跟我说说，有什么新情况？"

"还没看出来吗？告诉你吧，"值班员指着盖着伪装网的新车，用神秘的口气说，"上边给了咱们一项特别重要的任务，就是命令咱们把这七辆新车开到前方去。"

"是上前方吗？"雷锋隔着衣服摸了摸塞在怀里的请战书，心里感觉很高兴：这次回来真是巧了，还能碰到这事。

值班员跟他说，上级决定从连里抽调七辆新车和部分优秀驾驶员组成兄弟部队，随时待命出发，前去福建前线执行任务。

"驾驶员都有谁啊？定了没有？"

"连部的灯那不还亮着呢嘛，党支部正开会讨论这件事呢！"

雷锋听完赶紧跑进连部的屋里，他请求道："我想去前线，请连长批准！"

虞连长乐呵呵地说道："你不是才从山区前线回来吗？

在这句话中，"挎""跳"是对雷锋动作的生动描写，同时也从侧面反映出雷锋着急的心态。

这里并没有说派谁前往，因此雷锋认为自己还有机会，为之后故事的发展做了铺垫。

为什么还想去前线呢?"

雷锋从怀里拿出他的请战书交给虞连长,说:"连长,我是想去福建的前线,你应该能明白我的心情。"

这时到福建前线的人已经定了,但是没有雷锋,这是支部根据前后方工作的需求决定的。虞连长把他的请战书看完后对他说:"雷锋啊,我们要全面考虑我们的工作,这你应该知道。现在社会情况很复杂,前后的工作都需要我们。"说完,虞连长拍了拍他的肩膀,叫他先回去,早点儿休息。

"要全面考虑我们的工作……前后的工作都需要我们……"雷锋思考着连长这别有用意的话,静静地走回了宿舍。

现在已经很晚了,可雷锋却辗转反侧,就那样在床上躺着。连长说的那句"社会情况很复杂"不断地在他的脑海里回响。这使他想起了前些天碰到的一件事:

全面:①所有方面;各个方面的总和。②完整周密;兼顾各方面的(跟"片面"相对)。

警惕:对可能发生的危险情况或错误倾向保持敏锐的感觉。

一天下午,雷锋发动汽车,想把补给从山区驻地往施工部队运输时,看见一个磨剪子的人往他这边走了过来。雷锋见此马上把车减慢了速度,只见那个人神秘兮兮地在施工部队的附近来回走动,左看看,右看看,好像在找什么东西。

过了一会儿,那人把工具放在路边,边喊着"磨剪子、菜刀嘞",边在一个小本上记着什么东西。雷锋立马警惕了起来,他把车停在路上,隔着车窗紧紧地盯着那人,看见他在那待了一会儿后,就把工具收了起来,偷摸着进了村子。

雷锋赶紧下车,跟着他进了村子。老乡跟他说,那个磨剪子的人一边干他的活儿一边说:"……听说蒋介石要反攻大陆了,恐怕现在的社会情况又要变了。"他还不时地打听有多少军队在村子里驻扎着,还问他们都干些什么……装作一副漫不经心的样子。

雷锋就想:一个磨剪子的,谈论这些干吗?我是保护人民的人,一定不能让这个哪儿都可疑的家伙逃走。

雷锋走到他的面前,仔细地观察他,盘问道:"你打哪儿来的?""河北。""干啥的?""磨剪子的。""有能证明的东西吗?""没有。""身上都有啥东西?""有五六十块钱和一个记账本。""把你的记账本给我!""记笔账有啥看头?""咋还不让看吗?"那人让雷锋看得有些慌了,就拖拖拉拉地把小本拿出来给了雷锋。

雷锋接过小本,打开瞅了瞅,上边写的都是数字,其中居然有部队的番号和代号,而且还记有国防施工的地名、村名。周围的村民也警觉了起来,同雷锋一起盘问那个磨剪子的人。那家伙就编了一些乱七八糟的事情,想要骗过他们以便逃走。

雷锋觉得情况不对,于是把发生的情况向部队的首长汇报了一下,然后村民们就帮着他,把那个磨剪子的人推搡进了当地的公安机关。经过调查,原来那个"磨剪子"的人,居然是个反革命分子……

雷锋的心情伴着从窗外照射进来的阳光而豁然开朗,他心里想着:只要有坏人出现,人民安宁的生活就会被破坏掉,作为人民战士,不管前方还是后方都应全力去战斗,以此来保护人民安居乐业。

天亮后,他把头天晚上想通的问题向虞连长汇报了。

"连长,我明白了,不管前方还是后方都是我们的战场!"

雷锋的这些想法,在揣摩那人的言行举止的同时,也间接说明了他的明察秋毫、心细入微。

这里印证了之前雷锋的怀疑,这些记录与数字,充分表明"磨剪子"的人是一个身份可疑的人。

豁然:形容开阔或通达。

"我就知道你会明白的。"虞连长满意地说。

被派往前线的七辆车启程了。雷锋送走这些战友以后,又带着饱满的激情回到了铁岭山区驻地。

7月30日中午,团部在山区所设的指挥部打电话对雷锋说,明天,抚顺市望花区政府将举办一个大会,来庆祝八一建军节,还邀请驻军首长和英雄模范前去参加,并且还会在大会上发言。韩政委和雷锋被团里选为代表前去参加,雷锋将代表全团指战员发言。一位指挥部参谋通过电话向他们简单地说了一下大会上要说的内容,让雷锋赶紧把他的发言稿写好,31日上午八点之前,送到韩政委那审查后,再和韩政委一起乘车赶回抚顺去参加庆祝大会。

时间很短,按照常理,雷锋应该抓紧时间写发言稿,但是在雷锋的心中工作是重于一切的,所以他正常出车也在情理之中。

时间本就不宽裕,按理说,在雷锋知道这件事后,就不应该出车了,因为得赶紧写他的发言稿。可他还是像往常一样开着十三号车去完成了那天下午的运输任务,只是在脑海中想着明天的发言。

雷锋在晚上的时候才回到宿舍,他把这件事和战友们说了之后,才开始写他的发言稿。总算在熄灯之前写完了,差不多有两千字。他把写完的提纲念给躺下的战友听,让他们说说不好的地方,根据战友们的建议改了改之后,雷锋才放松下来,上床睡了。

忽然,雷锋旁边的小于想到了一件事,就是雷锋所在的驻地和团指挥部之间有三十里地呢,可是班长得在八点之前到那儿,这是团里要求了的,他要怎么办呢?步行的话得三个小时才能到,开车的话连三十分钟都不用就能到了。

于是，小于关切地问他："班长，明天你咋去团里啊？"

雷锋想想说："看看吧！要是能早起的话就走着去，起不来的话就开车去。"

班里的同志都很为班长着想，所有人都劝他明天一定得开着那闲着的十三号车去团指挥部。

"好，好，我明天开车去就是了，不早了，大家都赶紧睡吧！"雷锋说着就熄了灯。

雷锋心中一直惦念着这件事，整晚都没睡好觉，凌晨三点多的时候他就悄悄地爬了起来。他将写好的发言稿揣到怀里，然后打着手电在一张纸条上留了几句话给战友，然后放在了小于的枕头旁边，随后就披上衣服离开了。

天快亮的时候，小于醒了过来，随后他发现原本应该睡在自己身边的班长不见了，只有一张字条在旁边，他拿过来一看，就将大家都叫了起来，说："看，班长已经离开了。"

"班长啊，班长……"大家感动得都不知道说什么好了，只是脑海中不约而同地又回响起雷锋最近挂在嘴边的一句话：不论是在前方还是在后方，一个战士都应该用战斗的姿态来完成党和人民交付的所有任务。

那时还下着雨，雷锋到团指挥部请韩政委审阅了他的发言稿后，两个人便一起出发了。

班里的同志都很为班长着想，这也从侧面表现出雷锋平时的行为赢得了大家的尊敬。

无障碍名著大阅读系列

雷锋想要上战场的愿望十分强烈,他参加部队的其中一个重要原因就是想要上战场杀敌,但是由于党支部的安排,雷锋没能如愿。经过一番思考,他坦然接受了党支部的安排,努力做好身在后方的工作。作为人民解放军的一员,雷锋始终以为人民服务、为党奋斗为己任,并为此不懈奋斗着。

◆ 写作·借鉴

插 叙

插叙是记叙文中常用的叙述方法,它是在记叙中心事件的过程中,由于表达的需要,暂时中断叙述的线索,插入一段与中心事件有关的回忆或故事的叙述方法。运用插叙的手法可以对中心事件进行补充、衬托、说明,能够更好地突出人物性格。本章中,对雷锋与反革命分子斗智斗勇的描写就运用了插叙的方法,更流畅地阐明了雷锋思想发生转变的原因。

好词·好句

辗转反侧　警惕　漫不经心　拖拖拉拉　警觉

＊雷锋见此马上把车减慢了速度，只见那个人神秘兮兮地在施工部队的附近来回走动，左看看，右看看，好像在找什么东西。

＊只要有坏人出现，人民安宁的生活就会被破坏掉，作为人民战士，不管前方还是后方都应全力去战斗，以此来保护人民安居乐业。

＊不论是在前方还是在后方，一个战士都应该用战斗的姿态来完成党和人民交付的所有任务。

阅读·思考

1.雷锋从山区赶回军营后得到了什么消息？

2.雷锋碰到的那个磨剪子的人到底是什么身份？

3.雷锋能否上战场？

拓展链接

番　号

番号通常是指授予作战部队的编制名称，通常按照兵种、任务、部队的性质、编制序列等授予，如步兵第X团，航空兵第X师等。在中国，部队番号大多属于军队机密，仅限于内部掌握使用，对外公布的只是其代号。

永生的革命战士

  1962年8月15日,天色昏沉,阴雨绵绵,雷锋带着助手驾驶十三号车从山区工地赶回抚顺驻地。平安到达连队后,雷锋看到车身上沾满了泥,于是指挥小乔到营房后的空地上,想要清洗一下。没想到就在这短短的一段路上,竟然发生了一件令人悲痛的事情。究竟是什么事呢?下面的内容会告诉你答案。

这句话交代当时的天气状况,渲染了当时的气氛,增强感染力,为故事的发展奠定了基础。

  1962年8月15日,这是一个充满不幸的日子。

  这天早上八点多钟,在阴沉的、下着绵绵细雨的天气中,雷锋与助手小乔开着十三号车从山区工地赶回抚顺驻地。因为他很想念由他辅导的两所小学的孩子们,因此就和小乔在回来的路上商量好要去看看他们。

  当时,连队里也没有什么人,只有白副连长和几个勤杂人员在。

  雷锋将车在车场停好后便下了车。他见车身沾上了很多泥,车轮上更多,就让小乔把车开到营房后边的空地上去清洗一下。

雷锋故事

小乔上去发动了车子。从他们这儿到营房后去洗车需要经过一段狭窄的路。为了保障安全,雷锋站在路边上晃着手臂指挥着:"向左,向左……倒!倒……"

汽车退到拐弯处,没想到左后轮突然滑到路边的小水沟里,车身猛地一摇晃,把连队战士搭衣服、被子的方木柱子给碰倒了。雷锋正在那柱子下边认真地指挥小乔,结果被砸中了头,倒在地上<u>不省人事</u>……

小乔从后视镜里见此情景,赶紧下车跑到雷锋身边扶着他坐起来,大声喊:"班长!班长!你醒醒……"

雷锋想跟小乔说点儿什么,却只抬了一下手,张了张嘴,可是没发出一点儿声音。

战友们听到声音马上跑了过来,大家慌张地叫着:"雷锋,雷锋……"雷锋睁了睁眼,想要起来,却没成功。

随即,战友们立马把他带到附近的西部医院进行抢救。白副连长向上级通了电话,汇报了情况。

随后,白副连长亲自开车,把油门加到最大,从抚顺直冲向沈阳军区总医院,去请脑外科段国升主任。

团、营、连各级首长也赶到了医院。

但是,因为雷锋伤得太重,脑部大量出血,已经没有呼吸了。医生焦急的呼唤,小乔撕心裂肺的哭喊,战友们抑制不住的哭泣声,他都再也听不到了。

年仅二十二岁的雷锋——人民的好儿子,党的好同志,我们心爱的战士,永远地离开了我们。

学校的孩子们听到这个不幸的消息后,都特别<u>震惊</u>,都

不省人事:①指人昏迷,失去知觉。②指不懂人情世故。
震惊:①大吃一惊。②使大吃一惊。

加到最大油门、冲向军区总医院,这些动作描写直接反映了白副连长当时焦急的心情。

不愿相信这是真的！于是他们跑到运输连，确认了这件事之后，全都伤心地哭了。雷锋，他们亲爱的辅导员，他们的解放军叔叔，他们从此失去他了。

团党委连夜开会，商量丧事。第二天，他们把雷锋因公伤牺牲的事情，汇报给了上级。

第三天，雷锋的追悼会在抚顺市望花区政府礼堂举行。上级领导机关和当地党政军民学校送来的花圈数不胜数。来的人很多，礼堂里都没地方站了，只好在礼堂外边放一个喇叭让他们听到里边的悼词。

追悼会结束之后，许多人还在路边站着，各种职业的人都有，还有一些老人和小孩，他们都佩戴着黑纱或白花，心情特别沉重，一直伴着雷锋同志的灵柩走向烈士陵园……

在雷锋的墓前竖着一块木牌子，上面用遒劲的书法写道：

释疑

遒劲：雄健有力。

毛主席的好战士、

中国共产党党员、

抚顺市人民代表、中国人民解放军工程兵第十团班长，

雷锋烈士之墓

一九六二年八月十七日立

人们非常想念这位年轻的战士，因为他短暂而辉煌的一生，完全、彻底地做到了他生前在日记中记下的那四句名言：

这四句耳熟能详的名言正是雷锋一生最切实、最贴切的写照。

对待同志要像春天般的温暖，

对待工作要像夏天一样的火热，

对待个人主义要像秋风扫落叶一样，

对待敌人要像严冬一样残酷无情。

雷锋故事

为了纪念和学习这位好战士，团党委在运输连、抚顺市依次举办了雷锋事迹展览。

沈阳部队组织了雷锋事迹报告团，走遍了全东北。

雷锋生前所在的四班被中华人民共和国国防部命名为"雷锋班"。

同时，雷锋还被中国共产主义青年团中央委员会追认为"全国少年先锋队优秀辅导员"。

全国一些著名的诗人、作家纷纷写诗、著文热情歌颂这位青年一代的楷模。

全国各地都是"学习雷锋好榜样"的歌声。雷锋的英雄事迹也被人们到处说着。

全国人民特别是全国青少年，都说着一样的话：

"向雷锋同志学习。走雷锋成长的道路。"

雷锋是全国人民的榜样，用无穷无尽的力量鼓舞着人们，教育着青少年一代。

北京一位工人同志说："雷锋同志像是镜子一样能照见别人的心灵，谁能经常去照照，谁就能成为一个有益于人民的人，我就要这样做，成为像雷锋式的工人。"

辽宁省一位农民也说："雷锋是咱们党和农民培养的好青年、好后代。咱们还要教育出像雷锋那样的好青年，那样，咱们的国家就成了铁打的江山了。"

一个盲人，和雷锋一样来自湖南，他用盲文写道："雷锋啊，雷锋！虽然我看不见，但我还有双手。我也要做个永远坚强的螺丝钉，同你一样。"

名师点睛

雷锋精神永远不会过时，永远不会落伍，它是我们学习的楷模与榜样。

人民的好儿子刘英俊,他把毛主席的题词"向雷锋同志学习"刻在自己干活儿用的锄头上。他在一首诗中写道:

雷锋啊!我的战友!

你的生命,在我的身上延续。

你的热血,在我的身上沸腾。

这句话不仅代表刘英俊自己,还代表了成千上万的战士。

为了更好地继承和发扬雷锋的革命精神,雷锋纪念馆陆陆续续在长沙、鞍山、抚顺以及雷锋生前所在部队建立起来了。雷锋爱憎分明,信守诺言,以公为主,助人为乐,他将短暂的生命都投入到了为人民服务的伟大事业之中。他的先进思想与模范事迹,成了建设社会主义精神文明的一座丰碑。

雷锋将他那短暂的生命全部投入到了无限的革命事业中,他闪耀着不灭的光辉,得到了永生。他那高尚的共产主义理想信念与道德情操,一定会被我们一代又一代地发扬起来;他的英雄形象永不磨灭,会永远活在我们心中。

成千上万:形容数量非常多。也说成千累万、成千成万。

阅读赏析

无论何时何地,雷锋一直都将全国人民放在自己的心中,竭尽全力去帮助别人。他虽然只在这个世界上停留了短短二十二年,但这短暂的一生却很伟大。他崇高的思想以及全心全意为人民服务的奉献精神将被人们永远铭记。

写作·借鉴

渲　染

渲染本是中国画的技法之一，后来延伸到文学作品中。文学作品中的渲染通过多方面的描写、形容或烘托来突出形象，以加强气氛，深化主题，表现人物一定的情绪。本章中，作者通过"医生焦急的呼唤，小乔撕心裂肺的哭喊，战友们抑制不住的哭泣声，他都再也听不到了""雷锋，他们亲爱的辅导员，他们的解放军叔叔，他们从此失去他了"等，渲染了悲伤的气氛，令人为之揪心。

好词·好句

不省人事　撕心裂肺　震惊　遒劲

★ 雷锋正在那柱子下边认真地指挥小乔，结果被砸中了头，倒在地上不省人事……

★ 随后，白副连长亲自开车，把油门加到最大，从抚顺直冲向沈阳军区总医院，去请脑外科段国升主任。

★ 医生焦急的呼唤，小乔撕心裂肺的哭喊，战友们抑制不住的哭泣声，他都再也听不到了。

★ 对待同志要像春天般的温暖，对待工作要像夏天一样的火热，对待个人主义要像秋风扫落叶一样，对待敌人要像严冬一样残酷无情。

阅读·思考

1. 雷锋为什么要赶回抚顺驻地？
2. 雷锋去世的原因是什么？
3. 雷锋去世之后，社会各界的反响如何？

拓展链接

抚 顺

抚顺市位于辽宁省东部，与吉林省接壤，是辽宁省重要的工业基地，素有"煤都"之称。抚顺境内平均海拔80米，处于中温带，属大陆性季风气候，是一座美丽的城市。

抚顺市下辖四区：新抚区、顺城区、望花区、东洲区，三县：抚顺县、新宾满族自治县、清原满族自治县，两个经济开发区：抚顺经济开发区、抚顺胜利经济开发区，以及一个高新技术产业开发区：抚顺高新技术产业开发区。

阅读体验——感悟作品

读《雷锋故事》有感

提到雷锋这个人，大家都不会感到陌生，从小学开始我们就一直听学校里提起要向雷锋叔叔学习、学雷锋做好事等话题，但是大多只是应付差事，很少有人去深入了解雷锋背后的故事、雷锋做这些好事的原因。

雷锋出生在一个动荡的时代，日本侵略者与地主使雷锋自小就失去了双亲，吃足了旧社会的苦头。在父母双亡后，是六叔奶奶抚养了他，是乡亲们关照了他，这才使他艰难地生存了下来。所以他深知百姓的艰辛，对乡亲们，乃至所有普通百姓，都抱有一种希望能回报大家的心情。1949年8月，中国人民解放军解放了长沙，雷锋所在的这个宁静偏远的小山村也迎来了翻身的喜悦，雷锋终于从压迫中挣脱出来了。而后，家境困难的雷锋又是在中国共产党的帮扶下才得以完成学业。这些事情让雷锋对帮助自己、解救自己的中国人民解放军以及中国共产党，都抱有极大的好感、认同感与向往之情，于是入伍与入党也就成了他最大的愿望。为了实现这个愿望，他积极学习相关的规章制度，并以此严格要求自己，将其付诸实践，逐步完成了自我的升华，从而有了我们所熟悉的雷锋，也就有了雷锋精神。

雷锋精神这个词语大家都耳熟能详，但是雷锋精神究竟是什么样的精神呢？雷锋精神最重要的就是全心全意为人民服务，为了人民的事业无私奉献。有人说真的按照雷锋精神去做的人就是傻，其实这样的论调也不是第一次出现了，雷锋本人也曾听人提起过别人说他傻子，但雷锋认为："有些人说我傻子，这是不对的。我要做一个有利于人民、有利于国家的人。如果说傻子，那我是心甘情愿的。革命需要这样的'傻子'，建设也需要这样的'傻子'。我就是长着一个心眼，我一心向着党，向着社会主义，向着共产主义。"雷锋也知道这样的做法对自己没有什么益处，但他还是义无反顾地坚持做了下去。那个时代也正是因为有许多像雷锋一样的人，所以更显淳朴。几十年过去了，国家有了突飞猛进的发展，百姓的生活质量有了很大的提高，人们的生活观念有了很大的变化，但雷锋精神是不应该被人们遗忘、舍弃的，连扶起一个摔倒的老人都要提心吊胆难道不可悲吗？

雷锋虽已逝，但雷锋精神将永存于人们的心中。

阅读达标测试——知识点自测

一、填空题

1. 雷锋自幼失去了双亲,是由_____抚养长大的。

2. 雷锋入伍是在_____年,入党是在_____年。

3. 雷锋曾在_____钢铁厂做一名普通的工人。

4. 雷锋提出入党申请之后,指导员将一本_____交给了雷锋。

5. 雷锋先后在抚顺市建设街小学(即如今的雷锋小学)、本溪路小学担任_____。

二、选择题

1. 与雷锋坐同一趟列车前往鞍山钢铁厂的人是(　　)。

A. 杨必华　B. 赵总指挥

C. 小乔　　D. 小王姑娘

2. 因为一颗螺丝钉而教导雷锋的人是(　　)。

A. 张书记　B. 赵总指挥

C. 指导员　D. 小韩

3. (　　)一直被雷锋珍藏在书包中。

A. 国旗　B. 红领巾

C. 衣服　D. 红旗

4.雷锋被推选为（　　）的人大代表。

A. 湖南省　B. 长沙市

C. 鞍山市　D. 抚顺市

三、判断题

1.雷锋用了一个月的时间学会了操作拖拉机。（　　）

2.沩河泛滥时，雷锋一开始就冲到了第一线。（　　）

3.新兵训练之初，雷锋除了投掷手榴弹不及格之外，所有的成绩都很优秀。（　　）

4.1960年，雷锋光荣地参加了抚顺市第四届人民代表大会第一次会议。（　　）

5.雷锋分配到的车是十四号军用卡车。（　　）

四、简答题

1.为了行车安全，雷锋及全班同志一起制定的安全措施中的"九慢"指的是什么？

2."钉子"精神指的是什么？

答 案

一、填空题

1. 六叔奶奶

2. 1960　1960

3. 鞍山

4. 党章

5. 校外辅导员

二、选择题

1. A

2. A

3. B

4. D

三、判断题

1. ×，一个星期。

2. ×，起初赵总指挥安排雷锋做一名通信员。

3. √。

4. ×，是1961年。

5. ×，是十三号。

四、简答题

1.一、转弯慢；二、交叉路口慢；三、坡道慢；四、人员多的地方慢；五、复杂气候慢；六、过铁道慢；七、道路不熟慢；八、桥梁渡口慢；九、错车慢。

2.钉子能钻进完好无损的木板是靠压力硬挤进去的。由此看来，钉子有两个长处：一个是挤劲，一个是钻劲。我们在学习上，也要提倡这种"钉子"精神，善于挤和善于钻。

无障碍名著大阅读系列

朝花夕拾 呐喊	羊脂球：莫泊桑短篇小说	小鹿斑比
爱的教育	科学家的故事	猎人笔记
钢铁是怎样炼成的	徐志摩散文集	柳林风声
老人与海 小王子	落花生	青鸟
昆虫记	飞鸟集	草原上的小木屋
绿山墙的安妮	中国经典故事	绿野仙踪
小飞侠彼得·潘	水孩子	安妮日记
伊索寓言	列那狐的故事	秘密花园
希腊神话	巴黎圣母院	双城记
哈姆莱特	海底两万里	堂吉诃德
简·爱	居里夫人自传	复活
欧也妮·葛朗台	基度山伯爵	王尔德童话
百万英镑	少年维特之烦恼	克雷洛夫寓言
童年	安徒生童话	爱丽丝漫游记
汤姆·索亚历险记	格林童话	高老头
格列佛游记	红与黑	飘
八十天环游地球	培根随笔	大卫·科波菲尔
呼兰河传	傲慢与偏见	雾都孤儿
朱自清散文集	三国演义	呼啸山庄
一千零一夜	西游记	小海蒂
名人传	水浒传	好兵帅克
福尔摩斯探案集	红楼梦	瓦尔登湖
鲁滨孙漂流记	三十六计	鲁迅杂文精选
假如给我三天光明	史记故事	茶馆
木偶奇遇记	菜根谭	山海经
悲惨世界	小学生必背古诗75首	庄子
捣蛋鬼日记	初中生必背古诗文名句名篇	孟子
在人间·我的大学	孙子兵法	镜花缘
泰戈尔诗选	古文观止	古代寓言故事
汤姆叔叔的小屋	诗经	雷锋故事
三个火枪手	资治通鉴故事	故乡
名人名言	吹牛大王历险记	**精彩继续……**

阅读指导手册

名著阅读课程化丛书

雷锋故事

LEIFENG GUSHI

免费赠送阅读手册

分级阅读
名师辅导
精美插图
（让经典名著融入我们的生活）

★ 荟萃名著精华
★ 名师精析导读
★ 经典题型训练
★ 考试轻松无忧

一 学习导读

【阅读目标】

1. 了解雷锋的个人简介及雷锋的感人故事。
2. 体会雷锋精神,学习雷锋热爱人民、助人为乐的高贵品质。
3. 通过阅读学习雷锋的高贵品质。

【作品简介】

《雷锋故事》主要讲述了解放军战士雷锋在他短暂的生命里,做了许许多多好事。

出生于贫穷家庭的雷锋,小小年纪父母便相继去世,不得不寄人篱下。然而雷锋并没有悲观绝望,而是以满腔的热枕帮助了无数需要帮助的人。他不怕苦不怕累,在各种不同的工作岗位上干一行爱一行。

终于,雷锋成长为了一名优秀的共产主义战士。在平凡的工作中,雷锋为社会主义、共产主义的事业奉献出了自己的全部力量。雷锋无私的奉献主义精神和感人事迹传遍了全国,成为人们心中的道德楷模。

从一九六一年开始,雷锋经常应邀去外地作报告,他出差机会多了,为人民服务的机会就多了,人们流传着这样一句话:"雷锋出差一千里,好事做了一火车"。

【人物介绍】

1940年12月18日，雷锋出生于湖南省简家塘一户贫困农民家里。迎接他的，没有亲人的欢声笑语，没有温暖的炉火和香甜的乳汁，只有寒冷和饥饿。雷锋出生的年代，正是我国处于水深火热之中的时代。恶霸地主无恶不作，贫困的劳动人民任人宰割。

后来，雷锋的爷爷因操劳过度而死；父亲因伤势过重而含恨离世；哥哥也因肺炎而死；小弟弟又得了伤寒病；最后，母亲将雷锋交代在六叔奶奶家，最后悬梁自尽。

1949年8月，雷锋家乡解放，村里建起了小学，雷峰不肯放过这个机会，最终在1956年，雷峰在荷叶坝小学以优异成绩毕业。1958年，雷锋学会了开推土机，成为了一名推土机手。1959年来到鞍钢弓长岭矿山当炼铁工。一次下大雨，有水泥七千多袋放在火车上，被雨淋会变质，于是雷锋与其他工人一起抢救水泥，盖的布不够时，还用了自己的棉被。

1960年，雷锋去当兵体检，被查体重竟然还不足50公斤，不过，雷锋还是勉强入营。在新兵训练时，因为体重不够，力气太小，测试老不成功，不过在雷锋每天坚持不懈的努力下，终于还是通过了测验。

1960年8月，雷锋参加了抚顺上寺水库抢险救灾工作，经过大家七天七夜的不懈努力，终于抵挡住了洪水，雷锋因表现优异，记二等功一次。

1960年11月，雷锋加入了中国共产党，对为人民服务更加上心，在12月时，雷锋的事迹被登刊，引发了学习雷锋的高潮。

1962年8月15日：上午8时，雷锋与战友乔安山在准备前去洗车时，雷锋下车指挥倒车，车轮打滑，碰倒了一根电线杆，这根杆子打到了雷锋左太阳穴上，雷锋当即昏死过去，经抚顺市望花区西郊职工医院抢救无效，于12时05分不幸英年早逝，年仅22岁。。

【人物事迹】

钉子精神

施工任务中，他整天驾驶汽车东奔西跑，很难抽出时间学习，雷锋就把书装在挎包里，随身带在身边，只要车一停，没有其他工作，就坐在驾驶室里看书。他在日记中写下这样一段话："有些人说工作忙，没时间学习，我认为问题不在工作忙，而在于你愿不愿意学习，会不会挤时间，要学习的时间是有的，问题是我们善不善于挤，愿不愿意钻。一块好好的木板，上面一个眼也没有，但钉子为什么能钉进去呢？这就是靠压力硬挤进去的。由此看来，钉子有两个长处：一个是挤劲，一个是钻劲，我们在学习上也要提倡这种"钉子"精神，善于挤和钻。

可敬的"傻子"

一九六零年八月，驻地抚顺发洪水，运输连接到了抗洪抢险的命令，雷锋忍着刚刚参加救火被烧伤的手的疼痛又和战友们在上寺水库大坝连续奋战了七天七夜，把手指甲都弄破了，被记了一次二等功。

望花区召开了大生产号召动员大会，声势很大，雷锋上街办事正好看到这个场面，他取出存折上在工厂和部队攒的200元钱，跑到望花区党委办公室要捐献出来，为建设祖国做点贡献，接待他的同志实在无法拒绝他的这份情谊，只好收下一半，另100元在辽阳遭受百年不遇洪水的时候捐献给了辽阳人民，在我国受到严重的自然灾害的情况下，他为国家建设，为灾区捐献出自己全部的积蓄。

【人物评价】

原国家主席、中央军委主席毛泽东：向雷锋同志学习。

原国务院总理、中央军委副主席周恩来：向雷锋同志学习：憎爱分明的阶级立场，言行一致的革命精神，公而忘私的共产主义风格，奋不顾身的无产阶级斗志。

原全国人大常委会委员长朱德：学习雷锋，做毛主席的好战士。

原国家主席刘少奇：学习雷锋同志平凡而伟大的共产主义精神。

原中央军委副主席林彪：读毛主席的书，听毛主席的话，照毛主席的指示办事，做毛主席的好战士。

原中央军委主席邓小平：谁愿当一个真正的共产主义者，就应该向雷锋同志的品德和风格学习。

中央纪律检查委员会原书记陈云：雷锋同志是中国人民的好儿子，大家向他学习。

周恩来为雷锋题词 原中央政治局常委、国家代主席董必武：有众读毛选，雷锋特认真。不惟明字句，而且得精神。阶级观清楚，勤劳念朴纯。螺丝钉不锈，历史色长新。只作平凡事，皆成巨丽珍。普通一战士，生活为人民。

诗人、剧作家贺敬之：看，站起来／你一个雷锋／我们跟上去／十个雷锋／百个雷锋／千个雷锋！……／升起来／你一座高峰／我们跟上去：十座高峰，百座高峰，千座高峰！——／千条山脉呵，万道长城！……

诗人、作家郭沫若：毛主席《念奴娇·昆仑》一词中，有句云"安得倚天抽宝剑，把汝（昆仑）裁为三截"。我读了《雷锋日记摘抄》，感觉着雷锋同志就像这样一把宝剑。

原全国人大常委会委员长叶剑英：向雷锋同志学习，全心全意为人民服务。

原国家主席江泽民：学习雷锋同志，弘扬雷锋精神。

前国家主席杨尚昆：全国人民都要向雷锋同志学习，全心全意为人民服务，为建设具有中国特色的社会主义而努力。

原国务院总理李鹏：在新形势下把雷锋精神进一步发扬光大，希望有更多的活雷锋在中国涌现。

中央纪律检查委员会原书记乔石：学雷锋精神，做人民公仆，努力建设具有中国特色的社会主义。

原国务院副总理姚依林：发扬雷锋精神，全心全意为人民服务。

原中共中央政治局常委、中央组织部部长宋平：向雷锋学习，做共产主义事业的接班人。

原全国政协主席李瑞环：雷锋精神永放光芒。

国家主席习近平：雷锋、郭明义、罗阳身上所具有的信念的能量、大爱的胸怀、忘我的精神、进取的锐气，正是我们民族精神的最好写照，他们都是我们"民族的脊梁"。

诗人、书画家陈忠远：行年七十易相逢，廿岁捐躯雪不封。总为助人私念息，春风万古说雷锋！

雷锋媒体评价 新华网：让雷锋精神照亮人生的价值坐标。

人民网：学雷锋行善如细水长流。

搜狐网："向雷锋学习"应成为不熄的明灯。

央视网：让学雷锋成为时尚。

光明日报：雷锋精神永远不会过时。

【读后感】

篇一

在这清香袅袅的早晨，我将《雷锋故事》这本书读完了，我受益非浅。

《雷锋故事》这本书主要讲了雷锋从出生到牺牲的过程和在短暂的生命中做的好人好事、为人民无私奉献的精神。雷锋从小是孤儿，雷锋的父亲被日寇打死，雷锋的兄长被机器轧死，雷锋的弟弟被饿死，雷锋的母亲被迫含恨自杀。

六岁的雷锋四处流浪，最后在党的关心下上了学，并入了党。雷锋时刻不忘党的教诲，努力学习，并且无私奉献，助人为乐，为党和人民付出了年仅二十二岁的生命。

雷锋虽然离开了我们，但他无私奉献，助人为乐的精神永驻人们的心中。雷锋这个名字已经成为中国家喻户晓的一个闪光点。伟大的雷锋精神，也成了激励和教育人们的宝贵财富，成了矗立在一代代青少年成长道路上的一盏光彩夺目的明灯，一座坚不可摧的路标和丰碑。

虽然雷锋的一生是那么短暂，但又是丰富和充满光辉的一生，他的灵魂世代相传，他的精神飞翔在祖国的大江南北，长城内外。

我们出生在新中国，长在物质富裕的和平年代，不仅衣食无忧，而且倍受宠爱，含在嘴里怕化了，捧在手里怕摔了，养成了衣来伸手，饭来张口的习惯。助人为乐和无私奉献在生活中已经被淡忘。

我们应该向雷锋叔叔学习，记住雷锋叔叔说的话：我觉得要使自己，就是为了别人过得更美好。我愿永远做一个螺丝钉！人的生命是有限，可是，为人民服务是无限的，我要把有限的生命投入到无限的为人民服务中去。在学习上，在班级里，在生活中，在世界的每个角落，我们都应当无私奉献，助人为乐，让世界更加美好！

篇二

雷锋！早已如雷贯耳！家中的爸妈、老师都在不停地向我诉说着他的点点滴滴！同时，我也被他的故事产生了强大的好奇心！正巧，一天早上有幸来到《光明书店》，不加思索的我目光就直接锁定了《雷锋故事》一书。一到家，便迫不及待地津津有味的读了起来，一品究竟！

雷锋，出生在1940年的一个，那是资本主义压迫老百姓的年代。雷锋有一个哥哥和一个弟弟，在他5岁时，父亲因无钱治病，含恨离开了人世。不久，母亲也因受不了重重的压迫悬梁自尽了，至于哥哥和弟弟也活活地被饿死了。雷锋一直过着苦难的。直到1949年新中国成立后，是毛主席爷爷和共产党救了雷锋，不仅圆了他进学堂读书、学写字的梦，还指引他走上了革命的道路并不负众望取得了优秀党员的称号！他一心效国，做出了许多丰功伟绩的事迹！

雷锋的艰苦朴素、钉子精神都深入人心，在他的日记里有这么一段话：人的生命是有限的，可是，为人民服务是无限的，我要把有限的生命，投入到无限的为人民服务之中去，像这样经典的文字还很多，这不仅是他的崇高愿望，更是他身体力行的实践！

但是他在一次公差时不幸牺牲了，时年二十二岁，在出殡的那天，他生前的首长、战友、还有抚顺的工人、农民、学生 近达十万人流着泪、满怀悲痛地护送他走完了最后一段路程！

我强忍泪水终于把这本书看完了，，也终于知道雷锋这名字为何在人们心中这样根深蒂固！不是名字，而是他的为人，是他舍小我为大我的精神在我们的心中烙下了永不消失的烙印！让我们永远记住这个人——雷锋！

再回头看看我们这一代的小朋友们的生活要比雷锋幸运、幸福一万倍乃至上亿倍！我们要珍惜现在所拥有的一切。所以，我下定决心要好好学文化，学本领，更要向雷锋叔叔学习：学习他无论遇到多大多险的困难，勇往直前，永不退缩的精神；学习他乐于助人的精神；长大步入社会后更要学习他为国、为人民无私奉献的精神！在我人生道路上再争当第二个雷锋！

篇三

一张青春的面庞定格于历史长河中。春去秋来，仰望过他的孩子或许已经老去，他却一直年轻，永远闪耀着精神的光芒。

1963年，毛泽东将他对一位普通战士的缅怀与敬意，汇聚成朴实无华的七个字：向雷锋同志学习。从此，雷锋精神成为一种跨越时代的象征，一种信仰崇高的感召，深深植根于中华民族优秀文化的沃土，成为中国共产党人精神谱系的组成部分，成为社会主义核心价值观的鲜活体现。

在毛泽东等老一辈革命家为雷锋同志题词60周年之际，习近平总书记作出重要指示：新征程上，要深刻把握雷锋精神的时代内涵，更好发挥党员、干部模范带头作用，加强志愿服务保障和支持，不断发展壮大学雷锋志愿服务队伍，让学雷锋在人民群众特别是青少年中蔚然成风，让学雷锋活动融入日常、化作经常，让雷锋精神在新时代绽放更加璀璨的光芒，为全面建设社会主义现代化国家、全面推进中华民族伟大复兴凝聚强大力量。

雷锋，一个伴随一代代人成长的名字，他的故事人们耳熟能详。从生于乱世的苦孩子到模范工人、共青团员，再到革命军人、共产党员，雷锋以"一心向着党、向着社会主义、向着共产主义"的理想信念和"毫不利己，专门利人"的崇高品质，真正做到了"把有限的生命投入到无限的为人民服务之中去"。在短暂的22年生命中，雷锋以行动为形成中的社会主义思想道德体系留下了生动注脚，也用生命诠释了何为中国青年的理想和担当。

天地有正气，杂然赋流形。伟大的信念、崇高的精神，就像天地之间的浩然正气，不仅不会随着载体的逝去而消亡，更有堪比日月江河的超越性力量——"雷锋不死"，正是这样一种信念与精神的力量。

雷锋牺牲后，举国上下纷纷开展了轰轰烈烈的学习雷锋活动。作为团中央机关刊物的《中国青年》当时拟推出学雷锋专辑，提出了请毛主席题词的设想。深受雷锋精神感动的毛泽东几经斟酌之后，开门见山、言简意赅地题下了"向雷锋同志学习"七个大字。

在诠释为什么只写这七个字时，毛泽东对秘书林克说："学雷锋不是学他哪一两件先进事迹，也不只是学他的某一方面的优点，而是要学他的好思想、好作风、好品德；学习他长期一贯地做好事，而不做坏事；学习他一切从人民的利益出发，全心全意为人民服务的精神。"

1963年3月2日，"向雷锋同志学习"题词在《中国青年》杂志首次发表。3月5日，《人民日报》《解放军报》《中国青年报》等首都各报均刊登了毛泽东的题词手迹，进一步掀起了党内外、全国各族人民学习雷锋的热潮。此后数十年间，党和国家历代领导人多次就弘扬雷锋精神题词、讲话，使之成为党和人民前进道路上的领航信标。

2013年3月6日，习近平总书记在参加十二届全国人大一次会议辽宁代表团审议时指出：雷锋、郭明义、罗阳身上所具有的信念的能量、大爱的胸怀、忘我的精神、进取的锐气，正是我们民族精神的最好写照，他们都是我们"民族的脊梁"。

雷锋精神是热爱党、热爱祖国、热爱社会主义的崇高理想和坚定信念，促使我们自觉地把个人追求和国家前途联系起来，为中华民族伟大复兴贡献力量；

雷锋精神是服务人民、助人为乐的奉献精神，引导我们扶贫济困、扶弱助残、积极行动、倾情奉献，以实际行动促进社会进步；

雷锋精神是干一行爱一行、专一行精一行的敬业精神，教育我们忠于职守、精益求精，脚踏实地为中国特色社会主义事业添砖加瓦；

雷锋精神是锐意进取、自强不息的创新精神，鼓舞我们坦然面对困难，欣然接受挑战，以顽强的意志、不懈的努力攻坚克难，奋勇向前；

雷锋精神是艰苦奋斗、勤俭节约的创业精神，勉励我们能吃苦、肯奋斗，继往开来，再创辉煌。

"如果你是一滴水，你是否滋润了一寸土地？如果你是一线阳光，你是否照亮了一分黑暗？如果你是一颗粮食，你是否哺育了有用的生命？如果你是一颗最小的螺丝钉，你是否永远坚守在你生活的岗位上？"这几句话，是雷锋18岁时在日记本上对自己提出的问题。他所叩问的，既是自己的生活应该怎样去过，也是新中国的年轻人应当如何锚定人生的价值坐标。

从生到死，雷锋用短暂而辉煌的青春，对这一连串的问题作出了清晰有力的回答，也为一代代年轻人树立了精神路标。

篇四

"鸟欲高飞先振翅，人求上进先读书"。我热爱阅读，它已经融入我的生命，一日不读我就浑身难受。这个暑期，我又重温了《雷锋故事》这本书，很快我就沉浸到了雷锋叔叔的世界里。

雷锋叔叔的一生短暂而伟大，但是他的伟大出于平凡，他的英雄形象是由一件件小事构成的。在运输连里，他总是抢着干最脏、最累的活。在学习上，他不但自己学，还帮助其他战友一起学。他还带病参加了抗洪抢险，坚持奋战七天七夜，直至战胜洪水。在当时我国遭受严重自然灾害的情况下，他甚至无私地捐献出自己的全部积蓄，支援灾区人民。雷锋叔叔还做过许许多多的好事：给困难的战友家里寄钱，给丢了钱的大嫂买车票，帮助老大娘找儿子等等。雷锋叔叔这种以服务人民为最大幸福，以帮助他人为最大快乐的精神真是让我十分敬佩。

八月份，妈妈带我去了我国的首都——北京。在那里地铁是最方便、快捷的交通工具，而百度地图这个软件也是出行的好伙伴。这一天，妈妈和我准备坐地铁去故宫。这时，两个老奶奶走了过来，着急地说："请问您知道怎么去木樨园吗？"妈妈面露难色地回答："很抱歉，我们是来旅游的，并不熟悉这里。"老奶奶很失望。我眼睛骨碌碌一转，想到了一个好主意。我朝妈妈嘿嘿一笑，趴到妈妈耳边小声说："我们可以用手机帮她们查一下，百度地图可什么都知道呢。"妈妈一拍脑袋，高兴地说："我怎么就没想到呢！"于是，我赶紧打开百度地图，很快就查到了木樨园的地铁线路图，并告诉老奶奶该坐哪号线。老奶奶非常高兴，不停地说："谢谢你，你真是个小雷锋啊！"听到老奶奶的夸奖，我心里乐开了花。在等地铁时，老奶奶大概是无意间瞥见了我们印有"幸福成都，成就梦想"的大运会单肩包，她兴奋地说："原来你们是从成都来的，我去年还去那旅游了呢！成都是个好地方，成都人民可热情了。"我和妈妈相视一笑，齐声说："欢迎再去成都玩。"在异乡还能帮到别人，我也感到很快乐。

哪里需要献出爱心，哪里就有雷锋精神的体现。雷锋叔叔虽已远去，但雷锋精神始终在我们身边。在刚刚过去的成都大运会中，在参与过火炬传递的火炬手里，有一群闪闪发光的普通人："救水女侠"吴永秀、外卖骑手王世祥、网约车司机张先成、村支书姚庆英、"新成都人"吴永越、中学教师田俊、"最美警察"解刚、大熊猫"守护者"

朱大海、七旬老人朱明德，这些无一不是新时代雷锋精神的践行者，更是我学习的楷模。

《雷锋故事》这本书犹如一盏明灯，点亮了我前行的道路，给予了我无限的力量。我要继续沿着雷锋叔叔的足迹，学习雷锋精神，争当新时代的"小雷锋"，帮助身边人。

篇五

《雷锋故事》主要讲述了雷锋以短暂的生命谱写了无比壮丽的人生诗篇，树立了一座伟大的思想道德丰碑。书中选取了雷锋"初入学堂""助人为乐好少年""春天般的温暖""精神永存"等故事，由浅入深将一个不怕苦，不怕累，不怕危险，勤奋好学，乐于助人，无私奉献的雷锋形象展现在我面前。

我最喜欢这本书的理由是文字朴华无实感情却真挚动人。特别是雷锋做好事不留名那一段——"雷锋领着大嫂到售票处用自己的津贴费买了一张车票，塞到她手里说：ّ快上车吧，车快开了。"那大嫂说："同志你叫什么名字？哪个单位的？我好把钱给你寄去。"雷锋笑到："我叫解放军。就住在中国。"这段话真切自然，直抒胸臆，是对前面叙述的总结和深化，更把雷锋精神的形象升华到新的高度。

"当雷锋讲到母亲不堪地主的凌辱悬梁自尽的时候，大家对旧社会的愤恨达到顶点，全场一片哭泣声……"读到这段话，让我想起列宁曾经说过："忘记过去就意味着背叛"。我们不曾忘记。雷锋精神就像一面旗帜，永远闪耀着不灭的光辉，成为强大的民族力量。

这本书告诉了我，培养一个人的品行，首先要从小事做起，小的事情才能体现大的精神。别小看在公交车上给老人让个座，学校操场捡起地上纸屑，帮妈妈干家务活，这点点滴滴都体现着可贵精神。一个人只要有不怕吃亏，乐于奉献的精神，无论贡献大小，都能成为高尚的人。

篇六

暑假里，我又一次阅读了《雷锋故事》这本书，加深了解了许多关于雷锋的事迹。

雷锋的大名叫"雷正兴"，他出生在年代很苦的旧社会，七岁时就不幸成了一个孤儿。还好雷锋在被家境贫困却善良的六叔奶奶收养了，他学会了不怕吃苦，努力生活的精神。终于，在1949年家乡解放后，小雷锋度过了最难过的时光，走上了幸福的生活大道。

雷锋虽然生活贫苦，却非常喜欢助人为乐。他在读小学期间就帮助过许多同学和老百姓。比如，有一天雷锋和同学赶着上学的路上看到一位老爷爷很辛苦地拉着一辆装满货物的车向山上走，雷锋和同学两个人毫不犹豫地帮老爷爷一起把车推到了山顶。因为这件事他们两人上学迟到了，但是他没有因此退缩。在雷峰成长的过程中，从普通老百姓到团员，最后成为党员的人生中，雷锋一直坚持着帮忙身边每一个需要帮助的人。他在工作上也对自己严格要求，努力地做好每件事，更立誓要"做一颗永不生锈的螺丝钉！"让我深深地受到了感动。

"学习雷锋好榜样，忠于革命忠于党"、"向雷锋同志学习"就像书中说的话一样，我们要努力向雷锋叔叔学习，为祖国添砖加瓦，做一颗永不生锈的螺丝钉！

篇七

"学习雷锋好榜样,忠于革命忠于党"每到三月五日学校里总会响起这首歌,我不禁好奇雷锋到底是一个怎么样的人,为什么号召大家都向他学习,带着这样那样的疑惑我翻开了《雷锋故事》一书,终于懂得了那个"要做一个革命的螺丝钉"的雷锋精神。

在这本书中我特别欣赏雷锋的钉子精神。书中说有一天,在电影院里,距离电影开演还有几分钟。一个姓贾的小学生发现前排座位上有个解放军叔叔正在聚精会神地看书,觉得挺奇怪。电影马上就要开演了,怎么还在看书,小学生探头一看,原来是雷锋叔叔,雷锋是他们学校的校外辅导员。于是小学生非常好奇地问"雷锋叔叔,这么一点时间,你还看书啊?"雷锋说:"时间短吗?我已经看了三、四页了。时间虽然短,可是看一页算一页,积少成多嘛。学习不抓紧时间是不行的。"接着,雷锋问小贾:"你对学习抓得紧吗?"小贾不好意思地答道:"不紧。"雷锋亲切地说:"不抓紧可不好,你们在学校里学习太幸福了,一定要认真地学。"雷锋就是用钉子精神去刻苦学习的。雷锋小时候家里很穷,家里没钱供他上学,解放后雷锋参军到了部队,成了一名光荣的人民解放军战士。在部队他获得了读书的机会,有文化的战士教他识字,雷锋从此全身心沉浸在学习中,他身上总背一个包,里面装着要读的书,一有机会就刻苦学习。雷锋是个汽车兵,只要汽车一停,他就坐在汽车的驾驶室里翻开随身携带的书读了起来。午饭后稍微有一点休息时间他又坐下来认真学习,晚上临睡时,路灯下都可以看到雷锋孜孜不倦、认真学习的身影。别人问他,你哪来的时间这样认真学习,他说:"时间就像木板,表面看看没有一个洞穴,但只要用一个钉子一钉，木板就出现一个小洞。"善于利用时间的人就要发扬钉子精神，善于"挤"和"钻"。

今天我们每一位同学的父母都为我们读书准备了很好的条件，社会也为我们同学提供了良好的学习环境、美丽的校园、明亮的课堂。我们每一位同学都应该向雷锋学习，要善于利用时间，发扬钉子精神，挤时间、钻问题，提高我们的学习成绩。用好每一天的分分秒秒，让雷锋精神永远激励着我们前进。

篇八

读一本好书就是和高尚的人说话——歌德，最近我刚刚读完《雷锋故事》这本书。我想大家对雷锋这个名字不陌生吧！

雷锋，原名雷正兴，从小就失去了亲人，他的爸爸被坏人打死，母亲被地主逼死，哥哥累死了，弟弟被活活饿死。他的命运太悲惨了。小雷锋在党和人民的照料下，上学、到乡政府当通讯员，一直到军营当兵。不幸的是在一次执行任务时，负重伤而牺牲，年仅22岁。

有过新旧社会两重天的对比，雷锋牢记党的教导和人民的养育之恩，所以他做好事从不留名。他把"为人民服务"当作自己的信仰，也是雷锋的具体行动。"人的生命是有限的，我要把有限的生命投入到无限的为人民服务中去"这句话是雷锋的生活目标。他是这么说的更是这样做的，每次出差，他都会在火车上帮列车员，扫地，收拾桌子，给旅客倒水，帮旅客照顾孩子……帮丢了车票和钱的大嫂，买车票，这就有了"雷锋出差一千里，好事做了一火车"。他生活节俭，省下的钱用来帮助受灾群众和家庭困难的战友，并常常利用节假日和休息时间到部队驻地附近为群众做好事。他曾担任校外辅导员，经常用自己的模范行动影响和激励少年一代健康成长。

雷锋叔叔虽然牺牲了，但他的故事，一直传颂在神州大地，他的精神更是永垂不朽！雷锋叔叔是我们的楷模，值得我们称赞和学习。我们要把雷锋精神继承并发扬光大，让我们得后代子子孙孙，都要以雷锋叔叔为榜样，踏着雷锋叔叔走过的光明大道不断前进！

篇九

一位平凡而伟大的战士，用年轻的生命为人世间留下了最美好最崇高的一笔活着就是为了使别人过得更美好——这个人就是雷锋。

小雷锋的童年十分不幸，父亲早早去世了，母亲因为承受不了生活的打击也抛下了他，离开人世。但是，就在这样无父无母的艰辛环境当中，小雷锋依然不屈不挠地生活着，也正是他身上这种不屈不挠、顽强拼搏的精神，一直激励着他不断前行。中华人民共和国成立后，雷锋的生活发生了翻天覆地的变化，之后他上学了。他十分珍惜和感恩这来之不易的生活，学习刻苦、生活简朴、热爱生活、默默付出、工作中兢兢业业、勤勤恳恳，不仅干一行爱一行而且他乐于助人、尊老爱幼、帮贫扶弱，处处为别人着想。他把祖国人民的利益看得高于一切，哪里有困难，哪里需要他，他就出现在哪里。

有一次，战友小韩在夜里的出车中棉裤被硫酸烧了几个洞，雷锋值班回来发现后，把自己的帽子拆下来，用帽子里的棉絮，一针一针地为小韩补好裤子，轻轻地盖在他身上。

第二天，知道情况的乔安山对小韩说："为了给你补裤子，雷锋半宿都没睡。"雷锋像这样为身边人默默付出的事迹还有很多。雷锋在日记中说："要学习的时间是有的，问题是我们善不善于挤，愿不愿意钻。一块好板，上面一个眼也没有，但钉子为什么能钉进去呢？这就是靠压力硬挤进去的，硬钻进去的。"所以雷锋的"钉子"精神教导我们，时间是可以挤出来的，我们要像钉子一样善于钻研、刻苦学习。当我看到雷锋说："人的生命是有限的，可是为人民服务是无限的，我要把有限的生命投入到无限的为人民服务之中去。"我的心震撼了，雷锋真的用他生命的每一分钟，去实现他的誓言。

第三天，有一首歌叫《学习雷锋好榜样》，歌词是"学习雷锋好榜样，忠于革命，忠于党。"这首歌荡然悠长，唱出了我们学习的好榜样，唱出了无私奉献的雷锋精神，雷锋虽然离开了我们，但他的精神永存更是永远活在我们心中。雷锋的故事为我们点亮了一盏炫丽多彩的灯，指引着我们奋发图强。我长大了也要成为雷锋叔叔一样的人，做一颗最平凡的"螺丝钉"，做一个乐于助人的人并深深地热爱自己职业，为祖国的发展添砖加瓦，奉献我的那份光和热。

【习题演练】

一、选择题

1、1963年，毛泽东亲笔题词"向雷锋同志学习"发布。学雷锋日是每年的（   ）

A、3月5日　　　　　B、3月15日

C、4月5日　　　　　D、4月15日

2、下列句子，跟雷锋日记无关的是（   ）

A、人的生命是有限的，可是为人民服务是无限的，我要把有限的生命，投入到无限的为人民服务之中。

B、如果你是一颗最小的螺丝钉，是否永远坚守在你生活的岗位上？

C、屁股和板凳结合多了，腿就会软，人就会懒，就会和工人疏远。

3、习近平总书记常以回信的形式问候、勉励广大干部群众和专家学者下列习近平总书记回信原文和出处的对应关系正确的是（   ）

A、"你们长年在山崖间清洁环境，日复一日呵护着千年迎客松，用心用情守护美丽的黄山，充分体现了敬业奉献精神"——给"中国好人"李培生、胡晓春的回信。

B、"希望同志们大力弘扬爱国奉献、开拓创新、艰苦奋斗的优良传统，积极践行绿色发展理念"——给外文出版社的外国专家的回信。

C、"你们通过课堂学习和支教实践，增长了学识，开阔了眼界"——给陆军步兵学院2022届全体学员的回信。

D、"建设航天强国要靠一代代人接续奋斗"——给中国航空工业集团沈飞"罗阳青年突击队"队员们的回信。

4. 雷锋精神又叫（　　）精神，雷锋把自己的生命看成是（　　）。
A、党民　　B、人民　　C、父母　　D、党和人

5. 坚决听党的话，一辈子跟党走是（　　）的名言。
A、朱德　　B、周恩来　　C、雷锋　　D、毛泽东

6. 雷锋曾经说过，我愿做一颗（　　）。
A、螺丝钉的实践者　　　　B、小草
C、参天大树　　　　　　　D、岗位中

7. 把有限的生命投入到无限的为人民服务中去是（　　）的名言。
A、雷锋　　　　　　　B、周恩来
C、彭德怀　　　　　　D、表老神

8. 周恩来同志曾精辟地把雷锋精神概括为四句话，分别是"（　　）的阶级立场，言行一致的革命精神，公而忘私的共产主义风格，奋不顾身的无产阶级斗志"。

A、憎爱分明　　　　　　B、严格区分

C、可以融合　　　　　　D、多元化

9. 一九六三年三月，在党中央和毛泽东同志的号召下，全国人民掀起了向（　　）的热潮。

A、向雷锋同志学习时代

B、一起迈向新时

C、大规模生产，小规模处理心，帮助他人

D、传递爱

10. 雷锋精神的核心是（　　）。

A、为人民服务　　　　　B、帮助他人

C、忠于祖国　　　　　　D、为人民奉献

11. 雷锋精神的内涵是奉献精神、钉子精神、（　　）、螺丝钉精神。

A、为人民服务　　　　　B、艰苦奋斗

C、敢想敢做　　　　　　D、不怕苦不怕累

12. 雷锋在（　　）岁成为孤儿。

A、6　　　　B、7　　　　C、8　　　　D、9

13. 雷锋的去世时间是（   ）。

A、一九六二年七月　　　　B、一九六二年八月

C、一九六三年七月八日　　D、一九六四年

14. 雷锋的入伍时间是（   ）。

A、一九五九年三月　　　　B、一九六零年

C、一九六一年二月　　　　D、一九六二年

15. 雷锋享年（   ）岁。

A、21　　　　B、22　　　　C、23　　　　D、24

16. "凡是脑子里只有人民、没有自己的人，就一定能得到崇高的荣誉和威信。反之，如果脑里只有个人、没有人民的人，他们迟早会被人民唾弃。"出自（   ）的日记。

A、郑培民　　B、孔繁森　　C、雷锋

17. 多少年，由抚顺市文明办发起的"雷锋基金"诞生了。（   ）

A、1990年　　B、1992　　C、1995

18. 雷锋同志生前是在运输连多少班的？（   ）

A、4班　　　　B、5班　　　　C、3班

19. 雷锋同志逝世了多少年？（ ）

A、45 B、52 C、55

20. 雷锋基金是雷锋同志生前的存款做"火种"的，请问这"火种"是由多少开始的设计呢？（ ）

A、100 B、150 C、200

21. 雷锋逝世2周年之际，雷锋纪念馆是 建立在哪里的？（ ）

A、沈阳 B、抚顺 C、武汉 D、辽宁

22. 哪一年雷锋同志被批准加入中国共产党？（ ）

A、1958 B、1961 C、1959 D、1960

23. 雷锋在部队主要发扬的是什么精神（ ）

A、拼搏精神 B、"螺丝钉"精神

C、"助人为乐"精神 D、大无畏精神

24."把有限的生命，投入到无限的为人民服务之中去"是（ ）的名言。

A、焦裕禄 B、雷锋 C、孔繁森 D、毛泽东

25."向雷锋同志学习憎爱分明的阶级立场,言行一致的革命精神,公而忘私的共产主义风格,奋不顾身的无产阶级斗志。"这是（　　）为学习雷锋同志的题词,高度概括了雷锋精神的实质。

　　A、毛泽东　　B、邓小平　　C、周恩来　　D、朱德

26. 雷锋说:"钉子有两个长处:一个是挤劲,一个是钻劲。我们在学习上,也要提倡这种（　　）精神,善于挤和善于钻。"

　　A、拼搏　　　B、钻研　　　C、奋斗　　　D、钉子

27. 雷锋在鞍山和弓长岭焦化厂工作期间,曾18次被评为红旗手,并荣获（　　）的光荣称号。

　　A、"先进工作者"　　　　B、"模范共青团员"
　　C、"青团员标兵"　　　　D、"青年社会主义建设积极子"

28."凡是脑子里只有人民、没有自己的人,就一定能得到崇高的荣誉和威信。反之,如果脑子里只有个人、没有人民的人,他们迟早会被人民唾弃。"出自（　　）的日记。

　　A、郑培民　　B、孔繁森　　C、雷锋　　D、徐虎

29. 自"雷锋班"成立以来,现今雷锋班班长已经换了（　　）届。
　　A、22　　　　B、23　　　　C、24　　　　D、25

30. 现任雷锋班班长是（　　）。
A、李桂臣　　B、吴锡有　　C、长齐兵　　D、黄帮维

31. 雷锋手背上被谁砍了3刀？（　　）
A、地主婆　　　　　　B、地主

32. 以下哪个工作是雷锋同志没做过的工作呢？（　　）
A、拖拉机手　　　　　B、鞍钢工人
C、推土机手　　　　　D、通讯员

33. 1958年3月16日雷锋发表的第一篇文章是（　　）。
A、《春节写给青年同志们的一封信》
B、《在毛主席的哺育下成长》
C、《我学会开拖拉机了》

34. 多少年，由抚顺市文明办发起的"雷锋基金"诞生了？（　　）
A、1992　　B、1995　　C、1990　　D、1993

35. 雷锋基金是雷锋同志生前的存款做"火种"的，请问这"火种"是由多少开始的呢？（　　）
A、100　　B、200　　C、300　　D、500

36. 抚顺市望花区建设街小学现在叫什么小学?(   )

A、雷锋小学　　　　　　B、雷锋希望小学

C、雷锋精神小学　　　　D、雷锋学园

37. 雷锋同志小时侯是读哪间小学的?(   )

A、荷叶坝小学　　　　　B、荷叶塘小学

C、荷叶巷小学　　　　　D、荷叶乡小学

38. 雷锋有多少个兄弟?(   )

A、1　　　B、2　　　C、3　　　D、4

48. 雷锋同志有否出任过抚顺市人民代表?(   )

A、有　　　　　　　　　B、无

39. 1963年沈阳军区司令员陈锡联上将为《雷锋生平事迹展览》题词上半句"党的好儿子"。下半句是?(   )

A、"人民的好儿子"　　　B、"人民的好同志"

C、"毛泽东的好同志"　　D、"毛主席的好战士"

40. 雷锋同志是怎样牺牲的?(   )

A、中弹　　B、火灾　　C、车祸　　D、砍伤

41. 雷锋同志出生在哪里？（   ）

A、湖南省　　B、河北省　　C、河南省　　D、湖北省

42. 雷锋的死亡原因是（   ）

A、公事原因　　　　　　　B、意外死亡

C、死于疾病　　　　　　　D、劳累过度

43. 雷锋纪念日是哪一天？（   ）

A、3月4日　　　　　　　　B、3月5日

C、5月3日　　　　　　　　D、5月5日

44. 雷锋三次被评为先进工作者，（   ）次被评为红旗手，十八次被评为标兵。

A、三　　　B、四　　　C、五　　　D、六

45. 1960年12月，雷锋在（   ）发表署名文章《解放后我有了家，我的母亲就是党》。

A、前进报　　　　　　　　B、人民日报

C、解放时代　　　　　　　D、新时代

46. 1963年3月1日（   ）题词："学习雷锋做毛主席的好战士"。

A、刘少奇　　B、朱德　　C、彭德怀

47. 1961年2月3日，雷锋应邀到海城驻军作忆苦思甜报告，与全国战斗英雄（ ）亲切交谈。

A、郅顺义   B、董存瑞   C、黄继光

48. 1961年7月27日，雷锋接到抚顺市人民委员会通知书，7月31日至8月3日出席抚顺市第（ ）届人民代表大会第一次会议。

A、三   B、四   C、五

49. 雷锋成了孤儿后是谁收养了他？（ ）

A、当地政府   B、孤儿院   C、六叔奶奶   D、远房亲戚

50. 雷锋曾经说过，我愿做一颗（ ）。

A、螺帽   B、小草   C、大树   D、螺丝

51. 1960年12月，雷锋在（ ）发表署名文章《解放后我有了家，我的母亲就是党》

A 新时代   B 人民日报   C 解放时代   D 前进报

52. 1963年沈阳军区司令员陈锡联上将为《雷锋生平事迹展览》题词上半句"党的好儿子。"下半句是？（ ）

A "人民的好帮手"   B "人民的好同志"
C "百姓的好保姆"   D "毛主席的好战士"

53. 雷锋是在执行什么任务时殉职的?(   )

   A、运输   B、救人   C、救火   D、抗洪

54. 雷锋曾在看到毛泽东写的《纪念白求恩》文章后,在日记中写道,自己要做怎样的人?(   )

   A、为人民服务   B、毫不利己,专门利人
   C、绝不利己,只为他人   D、只求奉献他人

55. "学习雷锋同志,弘扬雷锋精神。"是谁的题词?(   )

   A 毛泽东   B 邓小平   C 江泽民   D 胡锦涛

56. 以下哪个工作是雷锋同志没做过的工作呢?(   )

   A、拖拉机手   B、鞍钢工人
   C、推土机手   D、通讯员

57. 雷锋找到路过的解放军连长要求当兵但连长没答应,给了雷锋一样东西是什么?(   )

   A、钢笔   B、木枪   C、弹壳   D、五角星

58. 雷锋把自己的生命看成是(   )。

   A、党   B、人民   C、父母   D、党和人民

二、判断题

1、雷锋叔叔在参与街道加工厂救火后，手受了伤，所以当他知道发生洪水时，选择坐视不顾。（   ）

2、雷锋叔叔和连队参加了上寺水库开掘溢洪道的艰巨任务。（   ）

3、在抗洪过程中，雷锋叔叔在有些体力不支后，没有继续选择参与抗洪任务。（   ）

4、雷锋叔叔来到储蓄所，取出了两百元钱，捐款给望花区人民。（   ）

5、雷锋叔叔觉得人民就是他的父母。（   ）

6、雷锋叔叔生活简朴，生活朴素。在部队发军装的时候，雷锋叔叔领了两套军装，两件衬衣和两双鞋。（   ）

7、雷锋叔叔是在1960年11月8日加入中国共产党的。（   ）

8、雷锋曾经帮助小乔同志学习语文，并取得了语文测验的100分。（   ）

9、雷锋叔叔曾经把自己的饭盒给了没有中饭吃的王大个子。（   ）

10、在连队里,雷锋叔叔常常嫌弃战友的脏衣服和破袜子。(   )

11、为了给小韩补棉裤上的几个小洞,雷锋把自己棉帽里的衬布剪下来作为补丁。(   )

12、雷锋叔叔做了好事,就要让大家知道是他做的。(   )

13、雷锋叔叔曾经说过:"人的生命是有限的,可是为人民服务是无限的,我要把有限的生命投入到无限的为人民服务之中去。"(   )

14、雷锋叔叔用自己的津贴费,给丢了车票和钱的大嫂买车票。(   )

15、雷锋叔叔曾经帮助过与自己是同路的老人到抚顺市找老人的儿子。(   )

16、雷锋叔叔非常讨厌小朋友们。(   )

17、雷锋叔叔经常请假到学校去找教室,孩子们谈心,或者进行其他辅导活动。(   )

18、雷锋叔叔是孩子们的知心好朋友。(   )

19、雷锋叔叔经常用自己的行动去教育孩子们,要艰苦朴素。(   )

20、在得知两个女同学闹别扭的时候,雷锋叔叔觉得没有什么大不了的,并没有理会。(   )

21、换玻璃时,几个同学随手把木板上的钉子拔下来,扔在了地上。雷锋叔叔见到后,跟他们讲要节约,破弯钉子也有用。(   )

22、雷锋叔叔用亲身经历过的"螺丝钉的故事"教育孩子们要勤俭节约。(   )

【参考答案】

一、选择题

1、A   2、C   3、A   4、AD

5-10:CAAAAA   11-15:BBBBB   16-20CAABA

21-25:BCCBA   26-30:DDCCD   31-35:BDCCA

36-40:AABAD   41-45:AABCA   46-48:BAB

二、判断题

1、错   2、对   3、错   4、对   5、对

6、错   7、对   8、对   9、对   10、错

11、对   12、错   13、对   14、对

15、对   16、错   17、对   18、对

19、对   20、错   21、对   22、对

无障碍名著大阅读系列

《朝花夕拾 呐喊》
《猎人笔记》
《湘行散记》
《西游记》
《镜花缘》
《骆驼祥子》
《海底两万里》
《红星照耀中国》
《昆虫记》
《给青年的十二封信》
《钢铁是怎样炼成的》
《经典常谈》
《名人传》
《泰戈尔诗选》
《水浒传》
《艾青诗集》
《儒林外史》
《简·爱》
《一千零一夜》
《格列佛游记》
《老人与海 小王子》
《哈姆莱特》
《假如给我三天光明》
《木偶奇遇记》
《红楼梦》
《汤姆叔叔的小屋》
《羊脂球：莫泊桑短篇小说》
《科学家的故事》
《徐志摩散文集》
《三十六计》
《初中生必背古诗文名句名篇》
《资治通鉴故事》
《列那狐的故事》
《巴黎圣母院》
《少年维特之烦恼》
《红与黑》

《培根随笔》
《傲慢与偏见》
《柳林风声》
《草原上的小木屋》
《秘密花园》
《双城记》
《堂吉诃德》
《复活》
《爱丽丝漫游记》
《大卫·科波菲尔》
《雾都孤儿》
《山海经》
《孟子》
《古代寓言故事》
《好兵帅克》
《童年》
《八十天环游地球》
《福尔摩斯探案集》
《爱的教育》
《百万英镑》
《悲惨世界》
《三国演义》
《捣蛋鬼日记》
《在人间·我的大学》
《名人名言》
《小学生必背古诗75首》
《史记故事》
《飞鸟集》
《王尔德童话》
《小鹿斑比》
《高老头》
《绿野仙踪》
《安妮日记》
《菜根谭》
《居里夫人自传》
《飘》

《庄子》
《雷锋故事》
《故乡》
《呼啸山庄》
《鲁迅杂文精选》
《茶馆》
《呼兰河传》
《绿山墙的安妮》
《中国经典故事》
《水孩子》
《安徒生童话》
《青鸟》
《瓦尔登湖》
《伊索寓言》
《欧也妮·葛朗台》
《朱自清散文集》
《汤姆·索亚历险记》
《希腊神话》
《孙子兵法》
《古文观止》
《诗经》
《落花生》
《吹牛大王历险记》
《克雷洛夫寓言》
《格林童话》
《小海蒂》
《小飞侠彼得·潘》
《基度山伯爵》
《鲁滨孙漂流记》
《三个火枪手》